同志社総長
『思い』を語る

大谷　實

成文堂

はしがき

二〇〇一年四月、私は第一七代同志社総長に就任しました。そして、二〇一三年四月一日に四期目に入り、来年三月末日をもって任期満了となります。そこで、四期目に入ってからの約四年間における総長としての「思い」を記し、後進に道を譲る願いを込めてまとめたものが本書です。

私は、四期目の公約として、学園におけるソフト面の充実による同志社ブランドの強化をかかげ、これまで同志社建学の精神とされてきた「良心教育」に取り組んでまいりました。第一部「学校法人同志社関係」は、主にこの問題に関する講演や式典等での挨拶を収録したものです。

法律学、特に刑法学を専門として研究・教育をしてまいりましたが、私は、特に犯罪被害者支援をライフワークの一つとして研究と実践に尽力して来ました。その成果についての今の「思い」を、第二部「京都犯罪被害者支援センター関係」としてまとめてみました。

二〇一五年三月には、古代史の泰斗・上田正昭先生に乞われて世界人権問題研究センターの理事長に就任しました。同志社総長の任期が残っており、また、京都犯罪被害者支援センターの代表理事の仕事も多忙で、いささか過労気味ではありましたが、京都に人権文化を根付かせる思いで引き受けました。人権問題に取り組む姿勢をまとめたものが、第三部「世界人権問題研究センター関係」です。第四部は、同志社に関わる雑事についての私の「思い」を収めたものです。

それぞれの場面で話したことをそのまま収録したため、重複するものや思い付きのものが多いのですが、同志社の過去を振り返り、未来への航路を拓くための一助となることを願い、あえて世に問う次第であります。

二〇一六年一〇月一日

大谷　實

同志社総長『思い』を語る　目　次

目　次

第3部　世界人権問題研究センター関係

第1部　学校法人同志社関係

同志社の良心教育

この度の熊本・大分地震によって被災した皆様に深く同情し、亡くなられた方々に対し哀悼の意を表します。熊本・大分の方々が、一日も早く平静な生活に戻れるように祈ります。

一大総合学園　早速ですが、本日の「メッセージ」に入ります。大学の春学期が始まったところですので、今日は、同志社教育の理念についてお話しします。

新島は、約一〇年間のアメリカ滞在から、「教育こそ文明の基である」という確信を抱いて帰国しました、キリスト教の牧師であり、また、宣教師でもありました新島襄によって、同志社は、一八七五（明治八）年に創設されました。わが国有数のキリスト教主義の学園です。創設当時は僅か八人の生徒でしたが、只今は、同志社大学、同志社女子大学のほかに、四つの高等学校、四つの中学校、二つの小学校、幼稚園、そして、インターナショナルスクール、併せて一四の学校を設置しておりまして、全体で四万三〇〇〇人を擁する一大総合学園となっています。

一貫教育　「同志社」という名前は、「目的を一つにする同志の結社」という意味であり、学校を作った目的は、いわゆる「良心を手腕に運用する人物」を世に送り出すことにありました。こうして、学園の教育理念は、同志社大学正門に建てられている良心碑に刻まれている新島襄の言葉、「良心の全身に充満したる丈夫の起り来らん事を」に象徴される良心教育とされています。新島の言う「良心を手腕に運用する人物」の育成、「一国の良心とも謂うべき人々」の養成こそが、「新島の建学の志」にほかなりません。幼稚園から大学まで、一貫して良心教育を目指しているところに、同志社一貫教育の独自性を認めることができるのです。

良心教育　こうして、「同志社の同志社たる所以のものは良心教育である」とされ、良心教育は「同志社ブランド」であるとも言われています。しかし、肝心の良心教育の中身、特に「良心とは何か」という問題となりますと、必ずしも明快なわけではありません。そこで、三年前から、「良心教育に関するシンポジウム」を開催し、良心教育の中身を明確にする試みを展開しており、今年も第四回目を予定しているところです。

それでは、良心教育にいう「良心」とは、どのような意味なのでしょうか。良心という言葉は、儒教から来ているようですが、国語辞典で調べてみますと、「良心とは、何が善であり、何が悪であるかを知らせ、善を命じ、悪を退ける個人の道徳意識」であるとか、「自身に内在する社会一般の価値観に照らして善悪を判断する心の働き」であるとも説かれています。要するに、「人間の心には、善悪を判断する基準があって、良いことは進んで行い、悪いことは止めるという心の働き」が良心だというのです。

このような一般の理解に対し、新島は、良心とは、キリスト教の全能の神を信じ、真理を愛し、他人に対する思いやりの情に厚い心であると考えました。そして、「良心を手腕に運用する人物」とは、キリスト教に基づく徳育によって、「一国の精神となり、活力となり、柱石となる人物」である。したがって、新島の良心教育は、キリスト教を身につけた人間を育てる教育、神を信じる人物を養成することを徳育の基本とする教育であるということになります。新島の目指した良心教育は、キリスト教教育であると断定してもよさそうです。

conscience

しかし、良心は英語で conscience と言い、前段の「con」は、共にと

いう意味　後段の「science」はサイエンス、つまり、知るとか科学するという意味であるから、「良い心」とか「悪い心」という意味とは直接関係なく、むしろ、「共に知る」という意味に近く、「良心」とは、他の人と対話し、またはコミュニケーションを通じて、是非を判断する心の働きであるということになります。そうだとしますと、良心教育にとってキリスト教は必ずしも不可欠のものではない。新島は、そのことを自覚していたかどうかは分かりませんが、良心教育にとって、キリスト教の信仰は、絶対的な要請ではないと考えていたように思うのです。

たしかに、新島が、キリスト教の信仰を教育の原点に据えていたことは、疑う余地がありません。しかし、誤解を恐れずに敢えて申しますと、彼が、キリスト教教育と言わないで、キリスト教主義教育とか良心教育と言っていますのは、キリスト教の信仰に囚われない、一般の青年にも良心教育は可能だと考えたからだと思うのです。彼がいみじくも指摘しているように、当時、キリスト教を信じない人も良心教育に共感する人が増えていたのですし、また、現在の多くの同志社人がキリスト教の信仰とは関係なく、良心教育に共感し、実践する人が沢山いることも事実です。良心教育にとって、キリスト教の信仰が不可欠であるとしますと、一般の人にとって良心教育は無縁となってしまいます。

そこで大切なことは、キリスト教の全能の神様を信仰してクリスチャンになるかどうかではなくて、例えば、聖書の「受けるよりは与える方が幸いである」とか、「自分を愛すると同じように、あなたの隣人を愛しなさい」といった、キリスト教の教えを学び、他人との対話、コミュニケーションを通じて、「何が正しいか、正しくないか」また、「許される行動か、許されない行動か」を、自ら主体的に判断し、行動に移すこと、それこそが新島が求めた「良心」ないし良心的行動であると考える次第です。

ちなみに、私はクリスチャンですから、人との対話と共に神様との対話を大切にし、物事の決断に迫られるとき、読書や他人との対話、コミュニケーションを通じて、自分は何をなすべきか、または、何をなしてはならないかの答えを求める。そして、最後には、祈りを通じて神と対話し、得られた答えを実行するという意識・心構えが良心だと考えています。

良心教育の基礎

こうして、良心教育とは、「良心を手腕に運用する人物」を養成することにほかなりませんが、そのためには、第一に、キリスト教主義の教育が不可欠です。同志社の憲法ともいうべき「寄付行為」という規則では、「キリスト教を徳育の基本とする」と規定されていまして、キリスト教主義教育は、同志社にとって最も大切な原理であることを忘れないでいただきたい。ただし、クリスチャンになることは必ずしも必要ではなく、先程も申しましたように、「自分を愛するように、あなたの隣り人を愛せよ」とか、「受けるよりは与える方が、さいわいである」といった、キリストの教えを教育するということです。

第二に、対話を豊かにして、是非の判断を的確にするためには、自由主義教育が求められます。新島は、「人、一人は大切なり」と申しましたが、一人一人の個人を大切にするということは、それぞれの個性を大切にし、自ら治め自ら立つ、自治自立の精神を尊重し、持って生まれた才能や能力を最大限に生かす、人間性あふれる人物を育てるということです。

第三は、国際主義教育です。国際主義にはいろんな意味がありますが、同志社でいう国際主義教育は、かつて「英語の同志社」と言われたように、英語を使いこなし、外国のことをよく理解し、外国との交流を盛んにする、そして、何よりも世界平和に貢献できる人物、国際社会で活躍できる、一流の「国際人」を育てるということです。

同志社の良心教育　これをまとめて申しますと、キリスト教的な考え方に立った人間教育を通じて、人と人との対話・交流を豊かにし、出来れば祈りを通じての神との対話を加え、グローバルな観点に立って行動きる人間の育成が同志社の良心教育だということになります。キリスト教主義、自由主義、国際主義を基礎とした良心教育は、同志社教学のミッションであり、同志社ブランドなのです。

おわりに　新島は、良心教育のためには、知育、体育だけでなく徳育を含めた「知・徳・体」が三位一体となった教育が必要であるとしました。三つ葉のクローバとしてご存知の同志社マークがその象徴であります。諸君は、クリスチャンになるかどうかはひとまずおいて、只今お話しした良心教育に挑戦してくれることを期待し、本日の奨励を終わります（二〇一六年四月一九日チャペルアワー）。

良心教育について

本日は、第三回目の教職員合同研修会にお招きくださいまして、有難うございます。お求めの演題は、「良心教育について」ということでしたが、少し変えまして、「良心教育の現状と課題」という観点から、予定の五〇分程度、お話をします。

さて、同志社教学の理念は、「良心教育」であるというのが、同志社関係者の共通の理解かと思います。同志社は、早稲田とともに、二〇一三年も、格付投資情報センターから九年連続で「ＡＡ＋」の評価を得ていますが、その理由の一つに、「教学における良心教育の伝統」が掲げられています。同志社教学の理念はキリスト教主義教育だという方もいらっしゃいますが、私は、同志社の同志社たるゆえんのものは、この良心教育であり、同志社ブランドだと考えています。

しかし、一方で、昨年は同志社の職員が同僚の職員を殺害するという、あってはならない事件が起こりました。また、大学ではセクハラで教員が懲戒処分を受けるし、大学の学生が大阪市のテーマパークで迷惑行為を繰り返し、そればかりかフランス・パリのディズニーランドでも同じような迷惑行為をしたという報道がありました。さらには高等学校のサッカー部で、顧問の男子教師が体罰で懲戒処分を受ける。それだけでなく、同志社大学研究生がネット商品をだまし取るという詐欺事件がニュースになるというように、昨年来、同志社では、教職員および学生の不祥事件が相次ぎまして、社会の関心事となりました。メディアは、「良心教育を掲げた新島が天国で泣いている」と批判し、学内でも、最近の不祥事は、良心教育を標榜する同志社にとってあるまじき事態ではないか、責任をとれ、と抗議して来られる方もおります。同志社教育の原点、「良心教育」に帰れと言うわけであります。

私は、六年前の同志社創立一三二周年記念式典の式辞で、「今や時代は混迷し、人々は目標のない人生行路を強いられている。今こそ、『良心教育』の原点に立って。現代に最も欠けている徳育を促す教育体制を早急に確立し、同志社ブランドとして打ち出す必要がある。」と述べました。以来、同志社教育の徳育を支える「良心教育」に関心を払ってまいりましたので、本日は、その一端をお話し、ご参考に供することができればと思っています。

それでは、新島が言う良心教育とは、どのようなものなのでしょうか。新島は、教育は一国の大事業であるという考え方で、「一国の良心ともいうべき人物」を世に送り出すことを大学教育の目的としました。「道徳心を磨き、品性を高め、ただ、技術や才能ある人物を育成する」だけでなく、所謂「良心を手腕に運用する人物の養成」を同志社教育の目標としたのです。

では、「良心を手腕に運用する人物」とは、どんな人をいうのでしょうか。彼は言います。それはただ、キリスト教の神を信じ、真理を愛し、他人に対する思いやりの情に厚い、キリスト教の道徳によって、「一国の良心となり、活力となり、柱石となる人物」、「自らの腕を振るって、自らの運命を切り開くような人物」であり、こうした人物を教育によって養成することが「良心教育」であり、新島の「志」だとするのです。

しかし、この「良心教育」につきましては、いくつかの課題があるように思います。一つは、良心教育は同志社の看板、同志社ブランドと言われているのですが、その中身、特に「良心」の中身が必ずしもはっきりしていないということです。新島自身、「良心」という言葉を何度となく使っていますが、「良心」を具体的に語っていないのです。また、同志社教学の理念として、キリスト教主義、自由主義、国際主義の三つのプリンシプルを掲げてきていますが、それらと良心教育との関係が、もう一つ曖昧なように思います。

私は、折に触れて、同志社教学の理念は、「キリスト教主義、自由主義、国際主義を基礎とした良心教育である」としてきましたが、学校法人同志社が正式に認めたものではありません。したがって、現在、学校法人同志社の教育活動として、どの点が良心教育なのかもはっきりしていないのが実情と思います。その結果、良心教育は、同志社ブランドと言われている割には、教職員の皆さんや学生に根付いていないというのが、私の現状認識です。これからしばらく、只今の点を念頭におきながら、当面同志社総長として考えている良心教育について申し上げ、参考に供したいと考えています。

さて、「良心とは何か」という問題は、ヨーロッパではソクラテス以来さまざまに議論されて参りました。また、キリスト教神学でも良心論は盛んでありますが、そうした哲学的・神学的良心論はしばらく措くことにしまして、普通、良心とは、「何が自分にとって善であり悪であるかを知らせ、善を命じ悪をしりぞける個人の道徳意識」であるとするのが一般の定義のようです。

こうした道徳意識は人間の心の働きとして生まれるのですが、この道徳意識はどうして人間の心の中に生まれてくるのか、その根拠は何かについても、随分と議論されて参りました。ソクラテスは、心に存在している神霊「ダイモン」の声―ダイモニオンといったのですし、キリスト教では「全能の神」、哲学者カントは、「私の内にある道徳法則」すなわち道徳的世界秩序こそが良心の声となって現れるとしたのです。

日本語の「良心」は、もともと中国ことに孔子や孟子の儒教に由来する考え方でありまして、要するに、善と悪とを対比して、善なる心、良い心が良心だと考えたのです。私も、「人間の心の中には、善と悪とを区別して善を選び悪をしりぞける『心の法廷』としての良心が存在し、私たちの行動を規律している」と述べたことがあります。そして、同志社教学の理念は、キリスト教主義、自由主義、国際主義を基礎とした良心教育にあると訴えてまいりました。

しかし、キリスト教主義が良心教育と結びつくことは分かるのですが、自由主義や国際主義がどうして良心教育に結びつくのかということが、どうしても説明できない。ここに、良心教育の弱みがあると思うようになりました。そこで、改めて新島の目指そうとした良心教育に反省を加えてみますと、新島の言う良心は、単なるキリスト教的良心ではないし、まして、日本語の常識的な理解とだいぶ違う事がはっきりしてまいりました。

英語の聖書では、良心に当たるCONSCIENCEという用語は二〇数か所使われているそうです。その代表的なものは、「偶像への供え物」について記した、コリント人への第一の手紙八章です。詳しいことは申しませんが、「弱い良心」という表現が三か所出ていまして、要するに、「唯一の神を知り、その神を愛する心が良心」だというのです。キリスト教の教義では、良心とは、内心で神を覚知すること、悟り知ることであり、信仰の厚い心が「強い良心」であり、信仰の薄い心が弱い良心だというわけです。そこでは良い心、悪い心という観念は含まれていません。父なる唯一の神の存在を認め、信ずる心が良心であり、キリストの教え、キリスト教道徳・倫理に忠実であることが、良心的な生き方であるということになります。

キリスト者としての新島も、当然にこの考え方に立ち、キリスト教の神を信じ、真理を愛し、他者に対する思いやりの情に厚い心が良心であるとします。したがって、良心教育とは、キリスト教を信ずる人間を育てる教育、神の愛を身につけた人物を育成することを徳育の基本とする教育だということになります。実際、新島襄の「志」として引き合いに出される文章、「所謂良心を手腕に運用する人物を生み出すこと、それはただ神を信じ、真理を愛し、他者に対する思いやりの情の厚いキリスト教の道徳によらなければならないと信じて、キリスト教主義を徳育の基本とした」という「同志社大学設立の趣旨」の箇所を読んでみますと、良心教育はキリスト教主義教育を指しているようにも見えます。

しかし、彼が良心教育という場合、単にキリスト教主義教育を世に問うただけではないように思います。たしかに、新島は、「キリスト教主義を徳育の基本とする」と宣言しました。しかし、一方で、「自由こそ、我が生けるモットー」といい、自由主義、自治・自立主義を教学の理念として強調し、実践しています。そこで、二つの点が問題になります。一つは、一国の良心たる人物を養成するためには、キリスト教主義だけでなく自由主義も徳育の基本として、両者を良心教育の下に統合を図る意味があったのではないかということです。もう一つは、キリスト教の信者でなくても、良心教育は成り立つということを訴えたかったのではないかということです。今日は、この二つの観点から、良心教育の現代的な意味を考えてみたいと思います。

近年、良心教育を単なるキリスト教主義教育を超えた教学の理念とする考え方が展開されています。例えば、学校法人同志社理事長の水谷誠教授は、「対話性の良心」という考え方で良心教育論を展開されています。

水谷教授によりますと、良心は英語でCONSCIENCEといいますが、これは、CON（共に）とSCIENCE（科学する＝知る）に分けることができ、語源から見ると「共に知る」という内容の言葉であり、「良い心」「悪い心」といった意味での良心ではない。この「共に知る」ということは、言い換えると「対話する」ということであり、広い意味で「良心とは、対話する心」のことである。この人間の良心には二つの部分があり、一つは、自分の理性を働かせて、「自分の中で対話する」心、言い換えると「自問自答する」心であり、もう一つは「人間（人）を超越したものと対話する心」に分けることができる。これこそ、我々が求めている良心だと言うのです。

人は、生きて行くためには人とのコミュニケートを通じて物事を判断し、選択・決定することが必要ですが、善悪といった難しいこと、特に人間の生き方の問題に直面しますと、人は、先ず、親兄弟や先生などと相談し、自問自答することによって理性的に判断する。この場面での「対話する心」が良心の一つの軸だとします。この対話する心をさらに発展させ、対話の相手として、神という、人を超えた絶対者、自分を超越した神と対話する心。これがもう一つの良心の軸であると言います。人間の良心は、この二つの軸を焦点とした楕円の形をしたものであり、結論として、神様との人格的・主体的な対話を通じて「神の見えざる手」に導かれ、物事を判断し、決定する心が、本来の意味での良心と考えるわけです。

キリスト教の良心概念は、先ほど述べました、人を超越した神の存在を認めて悟る心、すなわち神を覚知する点に特徴があるのですが、対話性の良心概念では、人間の心は、対話をして知恵を出し合って解決を見出そうとする「あり方」に特徴があり、その一つは、自問自答や人と人との対話によって物事を判断する心であり、もう一つは、人間を超えた神の存在を認め、神と対話して、自分の進む方向を決める心であると考えるのです。人間として生きるということは、このような神との対話の中で、つまり神と自分との人格的関係の中で生きることだというわけです。結論として、良心とは、「神様に問いかけて答えを求めながら生きようとする心、対話する心」である。私達はこれを「対話性の良心」と呼んでいるのですが、これこそ同志社教学の理念としての「良心教育」における良心だと考えるのです。

この神様と対話する心は、新島が強く主張した自由主義の精神と結びつきます。現実の世界を超越した神様と対話し、自分の振る舞い、生き方を決めるという態度は、新島が「自由こそ、我が生けるモットー」（Freedom is My living Motto）として、最も大切にした自由主義に結びつきます。この言葉のとおり、新島は、自由人としての生涯を貫き、遺言で「神学、政治、文学等のいずれの分野に従事するにせよ、どれも溌剌たる精神力があって、真誠の自由を愛し、それによって国家に尽くすことができる人物の養成に努めること」という言葉を残しました。そして、現在では、これが同志社教学の理念の一つである自由主義として定着していることは、皆さん、ご案内のとおりです。

新島の「キリスト教主義」は、先ほど説明しましたように、キリスト教の神の存在を認め、その神を愛することに尽きるのですが、新島は、さらに、自由主義、自治・自立主義を主張します。私たち人間は、日々の生活の中で、いろんなものに囚われて生きていますが、新島が目指したものは、自分の人生を方向付ける、その歩みを決めていく際に、この世のしがらみに囚われるのではなく、そこから解放され、人間社会を超えた存在としての神に問いかけ、生きる指針を求めていく生き方、これを最大限に尊重する。これが新島の言う「自由こそ我が生けるモットー」の中身であり、「真誠の自由」であると考えるのです。自由主義を教学の理念の一つとするゆえんであります。

このように考えてみますと、「キリスト教の神」との対話に良心の本質を求める考え方からすると、キリスト教主義と自由主義とは、良心教育の基礎として統合されることになり、良心教育こそ、同志社ブランドに値する教学の理念と考えることができます。

新島は、日本の元祖リベラリストとまで言われている方ですが、彼の「自由の精神」の原点がキリスト教的自由主義にあることは言うまでもありません。イエス・キリストと聖書以外にいかなる権威も認めないという考え方を基礎として「自由」の意味を説くわけですが、しかし、彼の教育に対する考え方を、ただ単に、「自由教育」すなわち自由主義教育として整理してしまいますと、かなりの語弊が生じかねません。と言いますのは、自由主義の内容となります自由は、良心の自由とか学問の自由、表現の自由というように、主に「国家権力からの自由」、国や社会、さらには他人による拘束からの自由を意味するからです。

たしかに、新島が「自由」と言うとき、例えば、「自由教育、自治教会、両者併行国家万歳」、これは新島の自由主義を裏付けるものとして有名な言葉ですが、ここでいう「自由ないし自治」は、今申したような意味で使われたと思います。しかし、新島は、「自由」という言葉以上に、「自治・自立」という考え方を打ち出し、強調しているように思います。人は、人生の生き方や善悪の岐路に立たされたとき、社会の常識に照らしたり、人に相談をしたり、また、自問自答して理性的に答えを出そうとしますが、新島はそれにとどまらず、神に問いかけ、答えを求める対話の姿勢の中で、自らの足で立ち、自ら治める生き方が大切だと考えるのです。新島が願った自治・自立の人物は、このような主体的な生き方ができる人間であり、それぞれの人は、独自の、多様で多彩な生き方で生きて行く。これが一国を担うべき人間としての良心的な生き方だと考えるのです。

そのような生き方ができる人物こそ、新島が志した「自治・自立の人民」であります。「天真爛漫、自由の中におのずから秩序があり、その人独自の見識を備え、仰いで天に愧じず、伏して地に愧じない、心にやましさのない、知識あり、品行あり、自ら立ち、自ら治める人物」つまり「良心の全身に充満したる丈夫」の育成を目指したのです。新島が願った「真誠の自由」と申しましたのは、このような自治・自立を含んでいることに注意してほしいのです。

ちなみに、自治・自立主義という建学の精神は、各学校の経営方針にも反映されるべきであります。ご存知のように、学校法人同志社には、只今、幼稚園から大学まで一四の学校がありますが、いずれも財政、教育、人事は基本的に独立しています。近年、各学校に対する法人のガバナンスを強化すべきであるという意見があるようですが、私は反対です。生徒や児童の自主性を尊重するためには、各学校が自治・自立の精神の下で主体的に運営する必要があるからです。現場の教職員がそれぞれの学校の特性を理解し、民主的に、自らを主体的に治めるのでなければ、自由主義教育は成果を上げることができません。

さて、超越的な神との対話を通じて生きるという姿勢が、良心的行動の原点であるとしますと、当然、対話する本人の能力を発達させなければ正しい判断・正しい行動をとることができないことは言うまでもありません。敬虔なクリスチャンが祈ってさえいれば、そこから正しい答えが返ってくるというわけではないのです。また、対話から直ちに神の啓示が得られるわけではない。新島がいう「その人独自の見識」が備わっていなければ、品性に富んだ対話は不可能でありまして、科学等の専門分野と並行して、幅広い教養が求められ所以です。新島は言います。「教育というものは人間の能力を発達させるだけでなく、あらゆる能力を万遍なく発達させるようにしなければならない」。いかに学問や技術が優れていても、その人間が意志の弱い人物であれば、一国の運命を担うべき人物とは決して言えないのであって、自ら立ち、自ら治めることのできる、独自の見識を備えたうえで、神様と対話し、物事を判断する人物、それが良心を全身に充満した『丈夫』であり『女丈夫』だとするのです。

その意味で、女子大学が目指しているリベラル・アーツは、対話型良心教育にとって欠くべからざるものであることを強調したいと思います。学校法人同志社では、キリスト教主義、自由主義、国際主義を教学のプリンシプルとしているのですが、女子大は、自由主義の代わりにリベラル・アーツを教学のプリンシプルとされている。この点は、十分理解できるところです。もっとも、先ほども申した通り、自由主義または自治・自立主義も、良心教育にとっては大切な教学の理念となっていることを無視しないようにしていただきたいと存じます。

同志社の教学の理念として、国際主義が挙げられていることにつきましては、冒頭で触れましたが、国際主義は良心教育とどのようなかかわりがあるのでしょうか。

実際、国際主義を教学理念の一つとすることには、かつては疑問がもたれて来ました。しかし、創立者新島は、決死の覚悟で密出国し、一〇年間もの長い間アメリカに滞在し、日本人として初めてアメリカの大学を正規に卒業して同志社をつくったのですし、アメリカ滞在中に岩倉使節団の随行員としてヨーロッパ各地を旅したばかりか、同志社草創期には英語で授業をしたこともあったのですから、国際主義を標榜する点に問題はありませんでした。

もっとも、良心教育という点からしますと、自治・自立主義ほど不可分な関係があるわけではありません。しかし、近年の社会のグローバル化はまことに顕著でありまして、グローバル化の時代に、一国の良心、地の塩として働き、世の光として輝き、世界の表舞台で羽ばたくことのできる人材の養成は、国際人として新島の望むところであったことは疑いありません。結論として、国際主義は、学校法人同志社のアイデンティティーとして、これまで通り、教学の重要な理念として維持し、発展させなければならないと考えています。

すでに明らかだと思いますが、対話型良心教育が伝統的なキリスト教の良心論と違うところは、「神の存在を認め、信ずる」心に加えて、神と対話し、答えを求めようとする主体的な心を大切にする点です。人間のモラルや倫理、あるいは善や悪に結びつく行動には、常に、神と対話する心が必要であるとしますと、大切なのは、まず、何が善であり悪であるか、何が正であり何が不正であるかを自ら判断する能力、その能力を養い、培うことが大切です。あることが善であり悪であるかは、時代や国、場所によっても違ってきます。したがって、良心的行動にとって最も大切なのは、ことを起こす時に、正しい判断、善悪の判断を的確に行うことのできる能力を養い、独自一個の見識を持っていることであります。対話する能力がないところに内容豊かな対話は成立しないからです。それが、教養であり、それを教えるのが教養教育すなわちリベラル・アーツだと思います。

人間の生き方として、善悪や正・不正が問われるような場合には、自己の行動を反省し、良いか悪いかについて、自分の価値基準で悩み自問自答すべきですが、最後は、祈を通じて、絶対者である神に問いかけ、答えを待つ、それが正しい生き方だと思っています。従って、良心教育には信仰が大切です。特に、新島は、キリスト教を「徳育の基本」とするキリスト教主義を謳っているのですから、私達は同志社人として、キリスト教の神様との対話を通じて正しい答えを求めるべきでしょう。

しかし、そうだとしますと、良心的判断には、キリスト教の信仰が不可欠となります。その意味で、教職員の皆様にはキリスト教の信仰を持っていただきたいのですが、ここで考えなければならないことは、キリスト教の信仰と良心教育との関係です。周知のように、クリスチャン人口は、我が国民の一パーセントにも満たないのですし、他ならぬ同志社の教職員でも一四五〇人中クリスチャンはわずか八一名、五・六パーセントにすぎないのです。従いまして、良心教育にとってキリスト教が必須の要件だとしますと、同志社では、もはや、良心教育は成り立ちえないことになります。そこから、かつて私は、新島がキリスト教主義を標榜したのは、キリスト教を「人の特性を涵養し、その品行を高尚ならしめ、その精神を公明正大ならしめる」人間教育の手段とするためであり、良心教育はクリスチャンでなくても十分可能であると申したことがあり、賛同者も得たようですが、キリスト教の神との対話を良心教育の中核に据えるとしますと、やはり、クリスチャンであることが求められると思います。

しかし、新島がいみじくも指摘しましたように、当時、自分ではキリスト教を信じない人でも、良心教育には共感する人が増えていると言っていますし、現在でも、多くの同志社人は、キリスト教主義教育よりも良心教育に共鳴しているのも事実です。たしかに、神との対話を通じて善悪を判断し行動する心、これこそが良心であり、理想的な良心教育とは、「神の愛を身に着けた人物を養成すること」にほかなりません。しかし、キリスト教の信仰を身に着けることができない人も、キリスト教の精神を学び、「受けるよりは与えるほうが幸いである」という愛とヒューマニズムを中心として、社会生活上の正義、倫理・道徳などを、学習や研究によって、良心教育を習得することは不可能ではありません。現に、キリスト教とは関係なしに、社会生活上の様々な分野で、「仰いで天に愧じず、伏して地に愧じない」公明正大な人物が活躍されていることは、改めて申すまでもないことです。つまり、キリスト教の信仰を必要としなければ良心教育は成り立たないというわけではないのです。大切なのは、自分の理性だけに頼らず、崇高なもの、超越的な存在を認め、それとの対話によって判断し、行動する態度ではないかと思います。私は、「祈ることのできるのは人間だけであり、絶対者に対して祈ることを忘れないように」と説いてきましたが、絶対者に心をゆだねるという姿勢こそが、良心の真髄と言っても言い過ぎではないと思います。

以上、駆け足で「良心教育」についてお話してまいりました。まとめてみますと、人生の岐路や善悪が問題になり、決断に迫られるとき、対話を通じて神様ないし絶対者に問いかけ、主体的な対話を通じて、その見えざる手の導きに従うことが良心的生き方であり、その生き方を通じて、一国の良心、良心を手腕に運用する人物を養成するのが良心教育の中身だと考えます。

お手元に、ご参考のため良心教育に関連する総長主催の委員会を資料として配布しておきましたが、いま大切なことは、良心教育を名目だけのものとしてでなく、同志社の園児、児童、生徒、学生の血となり肉となるような教育を実施することにあると考えています。そのためには、目指すべき良心教育の中身を明確にし、教職員の皆さんと共に推進する体制を整える必要があると考えています。七年前から、新入社員の研修の一環として、キリスト教教育委員会主催の「同志社教育に関する教育講演会」を実施してまいりましたが、非常に好評のようですので、入社後五年ごとに講演会を実施してご出席をお願いすることや、「いま問われる良心教育とは何か」といった主題で、シンポジウム、ワークショップの開催なども検討中であります。そして、出来れば良心教育に関するカリキュラムの検討をお願いしたいと考えているところです。本日の研修会を契機として、良心教育への関心が少しでも高まることを期待する次第です（二〇一三年五月二二日同志社女子大学教職員合同研修）。

良心教育に関するシンポジウム

本日は第二回目の「良心教育に関するシンポジウム」を開催いたしましたところ、多数の皆様がご来場くださいまして、心から厚く御礼を申し上げます。

さて、ご案内の通り、同志社の教学は、キリスト教主義、自由主義、国際主義を基礎とした良心教育に特色があります。すなわち「同志社は、独自一己の見識を備え、仰いで天に愧じず、俯して地に愧じ」ない、良心の充満した人物、「一国の良心」というべき人物の養成を目指しております。今日、世界情勢は混とんとしており、また、日本でも様々な事件や不幸な出来事が起こっており、総長としても誠に残念に思っているところでありますが、同志社は引き続き徳育を基本とする教学によって、モラルに強い、グローバル化時代に相応しい、高潔な人格を有する優れた同志社人を世に送り出すこと、つまり良心教育が、建学の理念であり、志であると考えています。

しかし、これまで、同志社においては、「良心教育とは何か」、という議論がなされないまま、良心教育が同志社ブランドとして標榜されて参りました。そこで、昨年一一月一四日に、良心教育の中身を現代的に問い直すという意味で、「良心教育に関するシンポジウム」を開催した次第であります。

今回は、その二回目に当たります。昨年同様の形式でのシンポジウムを予定していますが、本日は折角の機会でございます。どうか、最後までお聴きくださいまして、ご参加の皆様のそれぞれのお立場において、「良心教育の中身」をお考えくださり、今日のシンポジウムが皆様の今後の行動の指針の一助となりますことを期待申し上げまして、開会の挨拶とします（二〇一六年一月二二日）。

同志社教育と法教育

裁判員制度導入の基礎となった司法制度改革審議会は、二〇〇一年に、司法制度改革のためには、「学校教育等における司法に関する学習機会を充実させることが望まれる」と指摘した。法教育問題の始まりである。以来、法務省、文科省を中心として、初等教育からの法教育が検討され、学修指導要領の改訂に当たって、法教育が明確に位置づけられるに至った。また、昨年末には、全国規模の「法教育学会」も立ち上げられ、私はその顧問役を引き受けた。そこで、今回は、法教育について考えてみたい。

法教育というと、難しい法律や司法制度を教え込まれるといった堅苦しい勉強を連想しがちであるが、今問題となっている「法教育」とは、法律専門家でない一般の人々が、法や司法制度、これらの基礎となっている価値を理解し、法的な考え方を身につける教育、単に法律や司法制度を覚えるのではなく、法やルールを守ることの意義、その背景にある価値観や裁判の役割を自ら考え、裁判員制度への参加など、社会に主体的に参加することの重要性を自覚させる教育である。そして、法教育は、子どもたちに考える力、公正な判断力を身に付けさせるのにも効果があると考える。

私は、このような観点からの法教育は必要であり、是非、小・中・高教育、そして大学にも導入すべきであると望んでいる。

第一に、児童・生徒間のルール作りとしての法教育は、大変有意義であると思う。どんな社会でもルールが必要であることを教えるとともに、例えば、学校でトラブルに巻き込まれて悩んでいる場合、自らトラブルを解決する力を身につけさせる教育は、成人になってからも大いに役に立つ。自らの立場を明確にし、争点を整理して、話し合いで解決するという紛争解決のルールを身につけさせることは、社会生活上きわめて有意義である。

第二に、ルールはみんなで作るものであり、すでにあるルールも、社会生活上の必要に応じて、自分たちの力で変えることができるということを教える必要がある。例えば、校則について不備がある場合、校則だから変えられない不変のものとせずに、それを皆で議論して改正し、それを誰もが守るというように、法やルールの仕組み、役割を教えるといった、子どもに考える力を身につけさせる思考型の法教育が重要であると思われる。

第三に、これは、言うまでもないことであるが、本来、公正な社会を樹立するためには、各人が平等に社会に参加することが必要なのに、世論調査でも明らかであるように、裁判員制度を国民の義務と考えて、積極的に参加しようとする人は多くない。それは、まさしく社会参加型の法教育の不備にほかならない。

最後に、これが最も重要と思われるが、今日の法的な価値の根源となっているものは何かを考えることである。私は、それを個人主義に求めるのであるが、法やルールの基本となる考え方、憲法の民主主義や立憲主義の意味、紛争解決や裁判の役割は、行き着くところ「人間社会におけるあらゆる価値の根源は、個人にあり、何よりもこの個人を大切にし、尊重しなければならない」という個人主義に帰着すると考える。人間社会のルールの基本をしっかりと見据えて教育することが、法教育の原点であると思うのである。

学校法人同志社は、真の意味での自由主義、自治自立主義を教育原理の一つとして標榜している。法教育の基礎となる個人主義は、自由主義を主たる要素とする原理であり、個人主義に立脚した法教育を模索していくことが、同志社建学の精神からも必要であると考える（法律のひろば六一巻五号）。

二〇一六年年頭所感――二〇〇〇年の大計への新たな一歩――

はじめに

学校法人同志社は、本年、創立一四一周年を迎えます。二〇〇〇年の大計に向けて新たな一歩を踏み出すことができましたことを、皆様とともに喜びたいと思います。また、同志社は、法人内各学校の教職員の皆様のご尽力とご努力により、一四の学校、園児から学生まで四万三千人を擁する一大総合学園に発展してまいりましたが、その「見えざる御手」によって同志社を導きくださっている神様に、心から感謝したいと思います。

本年は、一八六六年新島が二四歳のとき、アンドーヴァー神学校付属教会において洗礼を受けてから一五〇年になります。そして、一九八六年に大学・女子大学の田辺校地が開校されてから三〇年目にあたり、さらに、同志社小学校が開校されてから一〇年目、国際学院が開校されてから五年目になります。教職員の皆様には、このような節目に当たる年の年頭にあたり、あらためて、創立者新島襄の激動の人生と志に思いを馳せていただきたいと思います。

同志社ブランド力の強化

ご案内のとおり、私立学校を取り巻く環境は、誠に厳しいものがあります。少子化による入学志望人口の減少はもとより、文部科学省等による競争的環境の一層の促進、国際化への対応、授業料無償化などにより、どの私立学校も課題を抱えながら、熾烈な競争に挑んでいます。

こうした状況に対応し、同志社は法人内各学校における渾身の努力により、様々な改革が推進され、飛躍を遂げているところですが、今後も、「同志社ブランド」である良心教育を一層鮮明に打ち出し、社会にアピールすることが重要です。新島は、同志社大学設立の旨意の中で「一国を維持するは、決して二、三の英雄の力にあらず。実に一国を組織する教育あり、智識あり、品行ある人民の力に拠らざるべからず。これらの人民は一国の良心とも謂ふ可き人々なり。而して吾人は即ち、この一国の良心とも謂うべき人々を養成せんと欲す。吾人が目的とする所実にかくのごとし。」と宣言しました。私たちは、この理念を常に意識しながら、現代に欠けていると言われる徳育を強化する必要があります。

私が委員長をしておりますキリスト教教育委員会にも働きかけ、二年続けて開催した

「良心教育に関するシンポジウム」はその取組みの一つであり、本年も中高段階における取組みにスポットをあて、継続して実施いたします。私は同志社総長として、良心教育の充実のために、今後も引き続き渾身の努力を傾注する所存です。

リベラルアーツ教育への期待　昨年は、創立一四〇周年を記念し、大学との共催でシンポジウム「リベラルアーツ教育の日米比較」を開催しました。日米の代表的なリベラルアーツ大学であるアーモスト大学と国際基督教大学（ＩＣＵ）から講師をお招きし、主にリベラルアーツ大学の特色と課題について議論を行いました。今後の同志社を展望する充実したシンポジウムとなったように思います。アーモスト大学の約一五倍、ＩＣＵの約一〇倍の学生が同志社大学には在籍しており、規模の問題から両校と同様のことはできませんが、検討と工夫を重ね、本年四月に開設される「グローバル教育センター」を中心として、今後のグローバル時代に活躍できる人物が育つ教育プログラムとなることを願っております。

一方、同志社女子大学では、Doshisha Women's College of Liberal Arts という英文名の通り、開学時より、リベラルアーツ教育を目指し、物事の本質を捉える力を身につけた、教養ゆたかな女性の育成に努めております。

総長としては、人間としての生き方を学び、物事の判断について、独自の見識を持ち、広い視野から将来を展望して、自分の意思で主体的に行動できる人間になって欲しいと願っております。両大学におけるリベラルアーツ教育の今後の取組みに期待するゆえんです。

将来構想について　この度、大学は「同志社大学ビジョン二〇二五」を発表しました。創立一五〇年となる二〇二五年に向け、同志社の原点を見つめ直し、さらなる飛躍を目指すものであります。ここでは、六つの優先課題を挙げ、課題の内容毎に工程が示されております。このビジョンが同志社大学のさらなる発展につながることを願ってやみません。

一方、女子大学では二〇一二年に五年間（二〇一二年〜二〇一六年）の活動の方針・方策を掲げ、それらを実現するための目標と具体的な取組みを定めた「同志社女子大学の将来構想に向けた方針・方策」を発表し、それに基づき、着実に改革がなされております。毎年、「同志社女子大学検討課題」をまとめ、着実に課題の解決に向けて、実行されています。

さらに、法人においては、理事会のもとに「幼稚園将来構想検討委員会」を設置し、幼稚園の将来計画を検討しております。同志社幼稚園のルーツは、アメリカ人宣教師メアリー・デントンによって一八八七年に創設されました出町幼稚園でありますが、その後今出川幼稚園と名前を改め、細々とではありましたが「幼児教育の本質を捉えた」幼稚園として発展し、一九四七年に財団法人同志社がその経営を引き次いで同志社幼稚園となりました。本年で創立一一九年目を迎える伝統ある幼稚園となっています。現代のニーズに応えることのできる教育や施設の充実を図ると共に、今後の本格的な少子化にも対応しなければなりません。同志社幼稚園は、同志社の中では一番小さな存在ではありますが、人間一生のうちで一番大切な幼児教育を担う場であり、一貫教育体制における同志社での幼稚園の存在意義は、極めて大きなものがあると確信しています。今後提出される予定の答申を踏まえ、同志社幼稚園にとって最適な道を歩めるよう、総長としても努力して参る所存であります。

なお、二〇〇三年に同志社中学校と同志社高等学校の統合が理事会で決定され、五年前に中高の統合の実施が試みられたのですが、統合の現状について調査の必要があるとの認識のもとに、「同志社中学校・高等学校統合問題調査委員会」が昨年九月理事会において設置されました。その調査結果が昨年一一月二八日報告され、その報告に基づき一二月四日、理事長から本社報において報告がなされております。総長としても、中学校・高等学校において統合の実質化が図られるよう、今後も鋭意取り組んで参る所存です。教職員の皆様のご協力をお願いいたします。

スポーツ交流の強化　法人レベルでの学内校同士のスポーツ交流が盛んになってきております。昨年度は課外活動の一貫した指導を担う指導者として、ラグビー、サッカー、剣道の計四名の指導者に委嘱をいたしました。また、現在では、法人内クラブのサッカー、バスケット、野球、ラグビー、テニス、卓球、バレーボール、卓球の七クラブがOB・OGの協力のもと、定期的な交流戦を実施しており、その優勝校には総長杯を授与しております。スポーツでの一貫教育のさらなる進展を期待しています。

新島が卒業したアーモスト大学は世界で初めて大学に体育を取り入れた学校であり、同志社も創設期から体育を取り入れた学校であります。各校におけるスポーツ活動の繁栄は、活力溢れる校風の醸成に寄与することは申すまでもありませんが、さらに、先輩後輩との緊密な人間関係の中で培われる協調力と、スポーツ活動と勉学を両立させる強靭な精神力を備えた人物を輩出することにも繋がっていると確信しています。

昨年末、大学のラグビー部が八年ぶりに関西大学リーグでの優勝を果たしました。総長としても大変嬉しく思っています。他の部においても吉報が続々と届いておりますが、中高段階からスポーツの強化を行い、大学への連携を深めることで、今後のさらなる活躍と成果を楽しみにしているところであります。

「英語の同志社」の復活　二〇一一年に元オムロン株式会社代表取締役会長の立石信雄氏から、「法人内中学校・高等学校における英語力強化」を趣旨とした多額の寄付を頂戴し、立石ファンドとして、法人内四中高の先生方にプログラムの策定をお願いし、実施していただいております。このプログラムの一つである「同志社　中学生・高校生英語大会―立石杯―」は、今年で五回目となります。また、「同志社　中学生・高校生　英語プレゼンテーション大会―立石杯―」も定着し、昨年秋に二回目を実施いたしました。

立石氏からはさらに幼少段階での英語力の強化を含めた形で、立石ファンドを継続するお申し出を頂戴しております。私はかつて巷で評された「英語の同志社」の復活を目指したいと願っており、立石ファンドに関わってくださっている先生方には、大変なご負担をおかけしていますが、引き続きご尽力をお願いする次第です。

結びに　同志社の長い道のりには、喜びもありましたが、苦難もあり、対立もありました。しかし、新島の志の実現という点においては一つでありました。それが同志社であるゆえんであります。

昨年は、永眠の日である一月二三日に、新島永眠一二五年を記念し、大磯にて碑前祭をとり行ったことに続き、新島の志を校友・同窓のみならず地域の皆様に伝える講演会を実施いたしました。今後も各地で、新島の志や想いを地域の皆様に伝えて参りたいと考えております。

本年が、二〇〇年の大計に向けての新たな一歩となりますことを期待し、さらに教職員の皆様のこの一年のご活躍とご健勝をお祈りして、年頭の挨拶といたします（二〇一六年一月社報）。

対談・同志社未来への航路

「崇高なもの」との対話から思いやりや配慮が生まれる

——これまで同志社の学生や卒業生を多く見てきて、どのような特徴があると思われますか。

大谷　他大学より特別講義などに来られた先生方から、「同志社の学生は思いやりがある」という言葉をいただくことが多いですね。また卒業生には、日本のみならず世界をリードする企業のトップや一流のスポーツ選手など、華々しく活躍している人も少なくありませんが、皆さん一様に、周りへの配慮が行き届いているように思います。

——同志社にそうした人物を育成する土壌があるとすると、どのような部分でしょうか。

大谷　友愛はキリスト教における究極の精神で、創立者の新島襄は「受けるよりは与えるほうが幸いである」という聖書の言葉を愛唱していました。彼は智育に偏ることなく、このキリスト教を徳育の基本として「一国の良心」たる人物を育成したいと考えたのです。その志を受け継ぐ同志社には、長い歴史のなかで磨き上げてきた教学の理念があり、私はこれを「キリスト教主義、自由主義あるいは自治自立主義、国際主義に基づく良心教育」と説明しています。いずれにしても同志社における教育の原点は「良心」にあり、それが思いやりや配慮を生む土壌になっているのでしょう。

――良心とは具体的にどのようなものといえますか。

大谷　良心については昔から哲学的にも神学的にもさまざまに議論されてきました。キリスト教では「唯一の神を知り、その神を愛する心」が良心だといい、『広辞苑』では「何が善であり、何が悪であるかを知らせ、善を命じ、悪を斥ける個人の道徳意識」と定義しています。しかし、新島のいう「良心」は単なるキリスト教的良心ではなく、日本語の一般的な意味合いだけを表しているのでもないように思います。

良心は英語で〝conscience〟といいますが、conは「共に」、scienceは「科学＝知る」という意味で、本来は「共に知る」、言い換えれば「対話する心」を指します。例えば、殺人などの罪を犯した人はたいてい後悔しますね。いわゆる「良心の呵責」ですが、自らの意思で罪を犯しておきながら、なぜ後悔するのかといえば、自分のなかの心がそうさせるのではないか。この心の声を「崇高なもの」ととらえ、それとの対話を通じて物事を判断し、決定する心こそ、私たちが求める良心だと考えています。

――良心教育とキリスト教主義の関係は、どのようなものですか。

大谷　同志社はキリスト教の伝道を目的とはせず、信仰の有無は問うていません。キリスト教教育ではなく、あくまでキリスト教主義に基づく教育を実践しているのです。ただ、先ほど申し上げた崇高なものと対話する心、すなわち良心を豊かにするには、教養の一つとしてキリスト教の精神や生き方を学ぶことが有効となります。ですから幼稚園から高校までは、礼拝をほぼ毎日行っていますし、大学でも、教会の牧師や学内外の講師による講演プログラムを提供したり、二〇〇五年には本学の成り立ちとキリスト教について教える同志社科目も導入しました。また七年前からは、キリスト教教育委員会が中心となって新任の教職員向けに良心教育に関する講演会を催しており、大変好評です。

自治自立の精神と主体的な行動力を養う

――第二、第三の柱として掲げる自由主義、国際主義と良心教育はどのような関係にあるのでしょうか。

大谷　まず自由主義ですが、これは自治自立主義と読み替えたほうがいいでしょう。新島が生きた明治時代には「自由」をモットーにすることが重要でしたが、自由主義を憲法の基本原理とする現在の日本では、むしろ自らの考え方や価値観をもって人生を主体的に全うしようとする姿勢こそ大切です。崇高なものと対話して物事を判断した以上は、この世の諸事にとらわれず、ひたすら良心的判断に従って行動する。これが自治自立の精神です。いまの日本人に一番不足しているものかもしれませんね。

もう一つの国際主義は、言うまでもなくグローバル社会で良心的な生き方を実践するために不可欠な要素。今日では国際感覚なくして正常な対話は成り立ちませんし、外国語を話せるだけでなく、異なる価値観を受け入れ、そこから何かを見いだせる力が求められています。多様な文化的背景をもつ人々との対話もまた、正しい判断や選択、決定を促してくれます。

――対話する心はビジネスにおいても大切といえますね。

大谷　もちろんです。本学の運営も上意下達ではなく、常に会議を設けて行っています。同志社の経営方針には自治自立の精神が反映されており、幼稚園から大学まで一四ある学校のいずれも財政、教育、人事は基本的に独立しています。生徒や児童の自主性を尊重するには、各校の主体的な運営が必要だからです。他校では会議を減らし、トップダウンでやっている例も珍しくありませんが、それではいけない。ビジネスでも、対話を重視し話し合って決める、任せるべきは任せる、という良心的リーダーが最終的には成功を収めるのではないでしょうか。

――現在の日本で、良心教育はどんな役割を果たし得るのでしょうか。

大谷　いまの日本は、新島が理想とした市民社会をほぼ実現していながら、良心とはおよそかけ離れた問題をはらんでいます。例えば、格差社会の残酷さを見せつけられる事件が日々増えています。また「日本人らしさ」という美名のもと、全体主義の復活を是とする空気が徐々に広がりつつあります。しかし良心教育を徹底すると、新島のいう「人一人は大切。一人は大切なり。」の境地に至り、「個人の尊重」ほど大切なものはないと実感するのです。国家はどうすれば個人が幸せに生きられるかを考えるべきでしょう。同志社人の一人一人が「一国の良心」たる自覚をもって行動してくれれば、いまの日本にある不平等をなくし、個人の幸福を追求する権利を相互に守れる社会を実現することも決して不可能ではないと考えます。

豊かなキリスト教の知識と自治自立の精神をもち、優れた国際感覚を備え、この世のしがらみに束縛されずに行動できる人物なら、どれほど混乱した社会にあっても方向を見失うことはありません。そういう人物を一人でも多く輩出できるよう、名目だけでなく、園児、児童、生徒、学生の血となり肉となる良心教育を真摯に実行していかなければならないと思っています（プレジデント二〇一四・四・一四号）。

同志社創立者新島襄生誕之地碑・碑前祭

本日、同志社創立者　新島襄生誕之地碑・碑前祭を開催しましたところ、ご多忙の中、また、お寒い中、お出でくださいまして、誠にありがとうございます。同志社総長として、大変嬉しく、心から厚く御礼申し上げます。

一八四三年二月一二日午前一〇時頃、同志社創立者新島襄は、姉四人に続いて、この場所、江戸神田一ツ橋の安中藩邸で、祖父母や親兄弟に祝福されて誕生しました。「新島家の希望の星」として育てられた七五三太（しめた）少年は、アメリカへの遊学の志を抱き、一八六四年六月一四日の夜、国禁を犯して、米国商船に乗り水夫となって一年間、ようやくボストンに着きました。その後、フィリップスアカデミー、アーモスト大学、アンドーヴァー神学校で一〇年余り学び帰国、一八七五年一一月二九日同志社英学校を開校したのであります。

同志社は、新島精神のもとに歴史と伝統を築き上げ、多くの優れた同志社人を輩出してまいりました。そして、現在、学園の改革が進み、大学、女子大学という二つの大学を含む一四の学校、四万三〇〇〇人を擁する一大総合学園に発展してまいりました。ここに改めて新島の生誕をお祝いし、偉大な教育理念に基づいた教育事業の功績をたたえたいと思います。この新島を私共に遣わした神に対し、深い感謝の念を禁じえないのであります。

新島が目指したキリスト教主義、自由主義、国際主義を基礎とした良心教育という同志社建学の精神は、幼稚園児から大学生まで、発達段階に応じて浸透しつつあるところであります。同志社のミッションは、「良心を手腕に運用する人物」、「一国の良心たる人物」を世に送り出し、地の塩として働き、世の光として輝く人物の育成にあります。そのために、私ども学校関係者は、あらゆる困難を克服して、同志社の発展・進化に邁進する所存でございます。どうか、校友・同窓の皆様におかれましては、一層のご支援を賜りますようお願い申し上げる次第です。

結びに、神田錦町三丁目町会長の前田様はじめ町会関係者の皆様、同志社校友会東京支部の児玉支部長はじめ支部関係者の皆様のご尽力によりまして、昨年五月、錦三（きんさん）・七五三太公園と名づけられた公園が開園いたしました。総長として、大感激であり、関係者の皆様方のご尽力に心からの敬意を表し、感謝申し上げます。今後とも、一層のご厚情を賜りますよう、宜しくお願い申し上げますと共に、本日お集まりの皆様方の、ご健勝とご多幸をお祈りいたしまして、私の式辞といたします（二〇一五年二月一二日）。

新島襄海外渡航の地碑・碑前祭

本日は、新島襄海外渡航一五〇周年記念事業の一環として、「同志社創立者新島襄海外渡航の地碑・碑前祭」を開催しましたところ、ご多忙の中、このように多くの皆様のご参加を頂戴し、同志社総長として、大変嬉しく、心から厚く御礼申し上げます。

ご案内のように、創立者新島襄は、当時の日本の状況を憂い、世界に目を向け、海外で学びたいという一心で、国禁を犯して、一八六四年、元治元年六月一四日、弱冠二一歳の若さで、この地・函館から密出国したのであります。新島がアメリカ商船ベルリン号に乗船するために乗り込んだこの場所は、まさに同志社発祥の原点であり、それを記念して、新島襄海外渡航の地碑が建立されたのは、一九五四年でありました。

この碑には、新島が香港に入港した際に詠みました漢詩「男子、志を決して千里を馳す」の全文を新島の筆跡どおりに掘り込まれています。新島が密出国に当たって、胸中深く抱いたこの「千里の志」にかける思いが、やがて同志社を開設し、学生の志として深く植え付けられたのであります。

　また、新島は、「寒梅」と題する漢詩で、「真理は寒梅の如し。あえて風雪を侵して開く」と詠っています。今、当時の新島の胸中を振り返ってみますと、「日本の将来のために、敢えて国禁を犯して出国する」という新島の志が、鮮明に浮かび上がってまいります。新島の波乱に富んだ生涯の原点は、ここ函館の地にあるといってよいかと思います。

　本日、この「同志社創立者　新島襄　海外渡航の地碑・碑前祭」に当たり、一五〇年前にこの地から蜜出国を図った新島の激動の人生に思いを馳せると共に、「同志社の今」を託されている我々一人ひとりは、新島の熱い志を再確認し、その志を継承し、発展させて、二〇〇年の大計に向けて、渾身の努力を続ける決意を新たにしているところでございます。

　一八七五年一一月、わずか八人の生徒で始まった同志社英学校は、新島の志を受け継いで、今や、同志社大学、同志社女子大学のほか、四つの高等学校、四つの中学校、二つの小学校、幼稚園、そして、インターナショナル・スクールというように、一四の学校を擁する一大総合学園に成長してまいりました。そして、新島が目指したキリスト教主義、自由主義、国際主義を基礎とした良心教育という同志社建学の精神が、園児、児童、生徒、学生に、発達段階に応じて浸透しつつあります。

こうして同志社のミッションは、「良心を手腕に運用する人物」、「一国の良心たる人物」を世に送り出し、地の塩として働き、世の光として輝く人物の育成にあります。そのために、あらゆる困難を克服して、邁進する所存でございます。どうか、校友・同窓の皆様におかれましては、同志社の発展・進化のために、一層のご支援を賜りますようお願い申し上げます。

特に、函館市長を始め、函館市の皆様には、日頃から学校法人同志社、並びに同志社大学、同志社女子大学を始め・同志社内各学校に対しまして、温かいご支援・ご協力を頂戴してまいりました。心から厚く御礼申し上げます。同志社の原点である函館市と同志社との連携を強化することは、函館市と同志社双方にとって、有意義であると確信いたしております。今後とも、一層のご厚情を賜りますよう、宜しくお願い申し上げまして、私の式辞とします（二〇一四年六月一四日）。

同志社創立者新島襄永眠の地碑・碑前祭

本日は、同志社創立者新島襄終焉の地碑・碑前祭を開催いたしましたところ、中崎大磯町長様、児玉同志社校友会東京支部長様、竹村同志社校友会神奈川県支部長様、さらに、同志社同窓会東京支部の加藤支部長様など、多くの皆様が、ご多忙の中、敢えてご参加をくださいまして、誠にありがとうございます。同志社総長として、大変嬉しく、改めて感謝申し上げます。

同志社創立者・新島襄は、今から一二五年前の一八九〇年一月二三日、四六歳一一か月の若さで、ここ大磯町の旅館「百足屋」で永眠されました。同志社大学の設立を熱望し、病を押して、日夜走り回ったあげくの終焉でありました。新島は、亡くなる二日前の一月二一日、八重夫人、徳富蘇峰、小崎弘道の三名の立ち合いのもと、遺言を蘇峰に口述筆記させ、二二日朝には、学生たちを深く気遣い、「吉野山　花咲く頃は朝な朝な　心にかかる峰の白雲」という詩を書かせ、しばらくして「天を怨まず、人をとがめず」という最後の言葉を残して、翌二三日午後二時二〇分、長い昏睡状態の後、天に召されたと伝えられています。

新島が亡くなってから一二五年、教職員およびOB、OGの皆さんのご支援・ご協力、そして何よりも神の見えざる手によりまして、学校法人同志社は一四の学校、四万三〇〇〇人を擁する一大総合学園に発展してまいりました。私共同志社の教職員は、グローバル時代に直面して、我が同志社の更なる発展・進化を願い、世界に羽ばたく同志社を目指して努力してまいる所存です。校友・同窓の皆様の一層のご支援を切望する次第です。

結びに当たり、本日の碑前祭に華を添えてくださいました大磯町詩吟連盟の皆様に、改めて感謝申し上げます。また、中崎町長を中心とする大磯町の益々の発展、そして同志社の校友・同窓の皆様の一層のご活躍をお祈りして式辞とします（二〇一五年一月二三日）。

新島襄寄港の地碑・碑前祭

新島襄海外渡航一五〇周年記念事業の一環として、「同志社創立者新島襄・寄港の地碑・碑前祭」を用意いたしましたところ、風間浦村主催として執り行っていただくこととなり、飯田村長様をはじめとする風間浦関係者の皆様には、心から厚く御礼申し上げます。また、同志社校友会関係の多数の皆さんがご参集くださいまして、誠に有難うございます。心から厚く御礼申し上げます。

ご案内のように、弱冠二一歳の新島七五三太青年は、「武士の思い立田の山紅葉、錦着ざれば、など帰るべき」という漢詩を作り、今から一五〇年前の一八六四年（元治元年）三月一二日、文字通り青雲の志を抱いて、江戸品川沖で快風丸に乗船し、函館に向かったのであります。しかし、新島は、四月一八日、強風のために下風呂沖に停泊を余儀なくされました。そこで、四月一九日と二〇日の二日、当時から有名でありました下風呂温泉に上陸し、「佐賀屋」という船宿へ行って、温泉場で入浴したと記録されております。

この下風呂沖への停泊という縁を、地域振興、村おこしにしようとされたのが、当時の風間浦村の小野村長でありました。一九九二年（平成一四年）、当時の松山同志社総長との交流が始まり、同年一〇月に新島襄寄港の地碑が松山総長の揮毫による書で刻まれ、このように立派な碑が建立されたのであります。

翌年の一九九三年に、同志社と風間浦との交流事業が開始されました。毎年、風間浦村中学二年生全員が同志社中学校へ体験入学のために京都に宿泊し、同志社中学生徒と一緒に学習することを中心とした交流のほか、同志社中学生および教員の風間浦村での学習並びに研修、テュービンゲン大学日本研究センター学生の風間浦村での調査研究など、多方面にわたる交流が展開されておりまして、私自身も、毎年挙行されております寄港地碑・碑前祭には、校友会青森支部の皆さんとご一緒して、過去一三年間、オール出席している次第です。

近年、学園と地域との人的・知的資源の交流は、教育・研究上欠かせないものとなっています。本州最北端・風間浦村との交流は、やや突飛な感じも致しますが、過去二〇年以上にわたる交流の成果を振り返ってみますと、同志社と風間浦村双方にとって、その成果は大きな財産となっています。

この度の新島襄海外渡航一五〇周年事業による、寄港の地碑・碑前祭を契機に、同志社と風間浦との交流を一層緊密にし、下北半島での同志社精神の一層の普及をお願いし、併せて、飯田村長以下、風間浦村民のご多幸をお祈りして挨拶といたします。本日は、誠に有難うございました（二〇一四年六月一六日）。

第一〇回海老名祭

本日は、「第一〇回海老名祭」碑前祭が、このように盛大に挙行されましたこと、誠におめでとうございます。心からお喜び申し上げます。久留米クラブ与田会長及び海老名弾正顕彰委員会秋島会長を初め、関係者の皆様のご尽力に感謝いたしますとともに、改めて、ご努力に敬意を表します。

ご案内のように、海老名弾正先生は、一八五六年（安政三年）九月一八日に、この柳川の地に誕生しました。熊本洋学校でアメリカ人教師ジェーンズの感化を受けてキリスト教の洗礼を受け、その後、いわゆる熊本バンドの一人として、同志社英学校に入学いたしました。一八七九年（明治一二年）に最初の同志社英学校の卒業生として社会に出てからは、牧師として、また、宗教界、言論界で大活躍した後、一九二〇年（大正九年）に、第八代同志社総長に就任し、三期にわたってその重責を果たしました。海老名先生は、いわゆる「同志社アカデミズム」を育て、学園の発展に大きな成果を挙げられたのであります。

海老名弾正先生の「顕彰碑」を建立するというお話は、私が総長に就任しました二〇〇一年に、当時の秋島久留米クラブ会長からお伺いしたのが最初でございまして、その取組みは、誠にありがたく、学校法人同志社としても、喜んで、できる限りの協力をさせていただいたわけでございます。そして、二〇〇四年（平成一六年）九月一八日、遂に晴れの除幕式を迎えられました。

これも、ひとえに、同志社校友会久留米クラブを中心として、同志社校友会福岡支部、北九州支部、佐賀支部の皆様の一致団結した取組みと、柳川観光協会様をはじめ、柳川市の皆様の物心両面に亘る暖かいご支援の賜物であると、心から感謝申し上げます。

あれから一〇年、海老名弾正碑の建立をきっかけとして、同志社は驚くべき発展・進化を遂げています。大学は、二〇〇四年には五五年続いた六学部体制を刷新し、昨年、二〇一三年に一四学部体制となりました。また、女子大学は四学部から薬学部が創設されて五学部体制となり、来年は看護学部の新設に伴い六学部体制となります。

一方、同志社の学内校として、同志社小学校及び同志社国際学院が誕生しまして、学校法人同志社は、只今、一四の学校、四万三〇〇〇人を擁する一大総合学園に発展して参りました。その意味でも、海老名弾正碑の建立は、同志社にとって記念すべき事業であったと、総長として感慨一入のものがございます。

改めて申すまでもないことですが、ここ柳川市は、立花藩一二万石の城下町として栄え、網目状の掘割が独特の景観をかもし出している、美しい町でございます。そして、海老名弾正先生顕彰碑の建立によりまして、新たな観光名所が誕生し、海老名弾正先生は、柳川七賢人として郷土史に名を連ねるようになりました。

柳川市と同志社との関係が、今回の「第一〇回海老名祭」を契機として、今後、益々意義深いものとなり、同志社の卒業生の皆様および柳川市との連携が一層深まることを、心から期待するものであります。

結びに当たりまして、第一〇回海老名祭の企画に携わってこられたすべての皆さんに深い敬意を表しますとともに、本日ご参集の皆様のお一人お一人のご多幸、ご健勝をお祈りします。併せて、同志社校友会久留米クラブおよび柳川市の益々の発展を心から祈念いたしまして、挨拶といたします（二〇一四年九月二〇日）。

同志社総長賞

本日は二〇一二年度第一〇回目の同志社総長賞表彰式を挙行いたしましたところ、ご多用中にもかかわりませず、学校法人同志社の理事や評議員の皆様をはじめ、多くの方々にご参集いただきまして、誠にありがとうございます。

同志社総長賞は、学校法人同志社各学校において、スポーツ活動及び文化活動の国際大会、国際コンクール等で入賞を果たした、極めて優秀な学生、生徒、児童、園児に対しまして、総長がこれを顕彰することを目的として、二〇〇三年度から設けられたものです。

今年度の受賞者は、個人一〇名と二団体（二七名）の学生諸君でございます。それぞれの部門において、たいへん優秀な成績をおさめられた方々を本日表彰できますことを、総長として、たいへん嬉しく存じます。受賞者の皆さん、本日は誠におめでとうございます。

いずれの諸君も、その優秀な才能を思う存分に発揮され、国際的な桧舞台で素晴らしい成績をおさめられたわけでございますが、忘れてならないのは、一人ひとりが、汗と涙、血のにじむような努力を、来る日も来る日も、積み重ねてきたことにこそ、意味があるということであります。そのたゆまぬ努力に思いを馳せる時、私は感動し、心から敬意を表し、本日、総長賞を贈呈する次第です。

本日、受賞された皆さんは、今後もそれぞれの立場で大いにリーダーシップを発揮していただき、さらに精進を重ねられ、より一層の素晴らしい成績を残してください。そして、同志社創立者新島襄が望んだ、知育、体育、徳育ともに優れた「良心の充満した」立派な同志社人に成長されますことを期待しますとともに、皆さんのご健勝・ご多幸を心からお祈りしまして式辞とします（二〇一二年三月二九日）。

同志社創立一四〇周年記念リユニオン

本日は、同志社大学、同志社校友会、同志社同窓会および学校法人同志社の共催により ます、「同志社創立一四〇周年記念リユニオン」並びに「同志社大学ホームカミングデー二〇一五の開会式」を開催しましたところ、雨模様のお天気にもかかわらず全国各地から多数のOB、OGの皆さんがご参集くださいまして、誠に有難うございます。皆さん、ようこそ母校にお帰り下さいました。同志社総長として、心から歓迎申し上げます。

今年のリユニオンは、「同志社創立一四〇周年」を記念して開催したものでございます。そのために、様々なプログラム用意して、皆様のご参加をお待ちいたしました。本日は、卒業生の皆様を、思い出深いキャンパスにお迎えし、懐かしい友人や教員と旧交を大いに温めながら、同志社の「いま」を存分に楽しまれ、充実した一日をお過ごし頂きたいと思います。

そして、校祖新島の志を受け継いだ同志社教学の理念、すなわちキリスト教主義、自由主義、そして国際主義を基礎とした「良心教育」に、改めて思いを馳せていただくとともに、「建学の精神」を現代に問い直し、同志社ブランドの一層の強化にお力をお貸し戴きたいと存じます。

同志社で学ばれた皆さん、お一人おひとりが、新島の志を自らの志とし、地の塩、世の光としての同志社人として、新島襄・八重が目指した「自ら立ち、自ら治める」人物として人格を高め、良心を手腕に運用し、「一国の良心」として力強く活躍してくださるよう、同志社の教職員を代表しまして、皆様に心からのエールをお送りしたいと思います。

結びに、皆さん方お一人おひとりが、人格の完成、自己実現を人生の究極の目的として、ご健康で、幸せな、稔り豊かな人生行路をしっかりと歩まれますよう、心から神様にお祈りし、開会式の式辞といたします（二〇一五年一一月八日）。

同志社同窓会設立一二〇周年記念会

この度、同志社同窓会は設立一二〇周年を迎えられました。本日は、同窓会設立一二〇周年記念会が、ここ栄光館ファウラーチャペルにおきまして、厳粛に、かつ盛大に開催されまして、誠におめでとうございます。心からお喜び申し上げます。

阿部同窓会会長はじめ、役員の皆さんのご尽力に深い敬意を表しますとともに、同志社総長として、改めて、感謝申し上げます。また、本日は、お招きいただきまして、有難うございます。

先ほどご紹介がありましたように、同志社同窓会は、一八九三年・明治二六年に、わずか九六名の会員で発足致しました。爾来、一二〇年間、幾多の困難や苦難を乗り越え、今や海外支部を含む七万七千人の会員を擁する一大団体に発展してまいりました。

そして、会報の発行、女子大学、女子中高へのご寄附などの事業を展開し、同志社の発展にご貢献くださいました。特に、同窓会一二〇周年記念事業として、「新島八重――ハンサム女傑の生涯」の出版は、大いに注目すべき事業だと存じます。

NHK大河ドラマ「八重の桜」の発表以来、新島八重がらみの作品は枚挙にいとまがないほどでありますが、この「ハンサム女傑の生涯」は、最も傑出した作品の一つと確信しております。このような同志社発展のための同窓会活動に対しまして、改めて感謝申し上げる次第でございます。

大河ドラマ「八重の桜」は、ようやく佳境に入ってまいりました。そして、同志社の全国認知度・知名度も、一段と高くなっているようでございます。これを契機として、同志社同窓会が、今後、一層発展・進化されることをご期待申し上げ、また、本日ご列席の皆様お一人お一人のご健康、お幸せをお祈りしまして、お祝いの挨拶といたします（二〇一三年一〇月一三日）。

同志社内中高英語大会

本日は、第四回　同志社中学生・高校生英語大会　立石杯　Recitation & Speech Contest を挙行いたしましたところ、ご多用中、また、寒い中、多くの方々がご参集下さいまして、誠にありがとうございます。

今から四年前、元オムロン株式会社社会長である本学の元理事でもあり、さらに、只今は、学校法人同志社「社友」である立石信雄様から、「法人内中学校・高等学校における英語力強化」を目的に、多額の寄付を頂戴いたしました。そこで、同志社内四つの中学校・高等学校の先生方にプログラムを策定していただき、そのプログラムの一環として、本日開催の中学生・高校生を対象とした英語大会を実施することにした次第でございます。

第四回目となります今回は、前回に引き続き、新島学園と近江兄弟社学園の生徒諸君にも参加して頂いております。教育環境の異なる学校の生徒同士が競い合い、お互いが刺激されることによりまして、少しでも英語に興味を持つ生徒が増えることを期待しています。

これから発表される生徒の皆さんは、日々練習を重ね、本日を迎えられたことと思います。その努力と熱意に深い敬意を表します。どうか、本日は、日頃の努力の成果を、存分に発揮して下さるようお願いします。

また、この大会をきっかけとして、今後もさらにご精進に努められまして、より一層の素晴らしい成績を残してください。そして、同志社創立者新島襄が望んだ、知育、徳育、体育ともに優れた「良心の充満した」立派な人間に成長されますことを、同志社総長として、心から期待します。

結びに、本大会の運営にご尽力くださいました運営委員の皆さん、審査委員の先生方、そして、サポーターの生徒諸君に、心から御礼申しあげますとともに、本日ご参集の皆様お一人お一人のご健勝・ご多幸を心からお祈りしまして、挨拶とします（二〇一五年二月一五日）。

立石ファンド成果報告会

本日は立石ファンド成果報告会を開催できる運びとなりましたこと、誠に嬉しく、この場をお借りし、立石ファンド事業にご尽力くださいました関係者の皆様に厚く御礼を申し上げます。

さて、この立石ファンドによる事業は、二〇一一年から開始されました。オムロン株式会社の元会長で、本学の社友であり、また、同志社大学名誉文化博士でもある立石信雄様から、同志社内の四中学校・高等学校の英語力強化の趣旨で、一年間二〇〇〇万円、五年間で総額一億円という巨額のご寄付を頂戴しました。

国際主義教育を標榜する同志社にとって、誠にありがたいお申し出でありました。かつて同志社は、「英語の同志社」と呼ばれており、私も総長としてその復活をこの立石ファンドにより実現したいと願い、早速、同志社の四つの中学校・高等校長にお願いし、英語力強化に取り組む先生方を選出していただき、議論を重ねてプログラムを策定していただきました。各校の独自の取組みに加え、英語大会や英語プレゼンテーション大会、Punahou SchoolのSGLIプログラムへの参加等、四中高の統一的なプログラムを策定することにより、各中高の生徒が参加可能となるプログラムの幅が広がり、更に充実した教育が展開できたのではないかと喜んでいます。

本日の成果報告会では、立石ファンド運営委員と英語大会運営委員に加え、実際に立石ファンドによる事業に参加されました各中高の生徒や卒業生にもお越しいただき、その成果を発表いたします。この会において、五年間の成果の総括を行い、さらに今後グローバル化を発展させるためのきっかけにしたいと願っております。各学校におかれましては、このファンドでの成果をもとに、各学校の相互の連携を図りながら、更なる成果を挙げてくださいますことを期待しています。

結びに、ご寄付を頂きました立石信雄様に改めて感謝を申し上げ、今後も変わらぬご指導とご協力をお願いすると共に、本日ご出席の皆様方のご健勝とご多幸をお祈りし、挨拶とします（二〇一六年二月一四日）。

新島八重と同志社

去る八月三日の午後、同志社大学寒梅館ハーディホールで、NHK大河テレビ小説「八重の桜」を中心としたスタジオパークの公開収録が行われた。当日のゲストは「八重」役の綾瀬はるかさんと「襄」役のオダギリジョーさんだった。そこで、同志社総長としてお二人に表敬挨拶を申し上げたところ、綾瀬さんから、突然、「八重は、一言でいえばどういう女性とお考えですか」と尋ねられ、とっさに「当時の女性としては、腰の据わった方というべきでしょうか」と答えた。帰り支度に追われていたため、対話はそこで途切れたが、綾瀬さんは何か物足りないようであった。

同志社創立者・新島襄の妻・八重については、同志社関係者は、これまでほとんど関心を示してこなかった。私も「新島八重子回想録」を読んでいた程度で、その生涯について考えたことはなかった。ところが、二〇〇九年九月にNHKの番組「歴史秘話ヒストリア」で新島八重がハンサム・ウーマンとして取り上げられ、また、二〇一一年六月に東日本大震災の復興のための象徴として、大河テレビの主人公に八重が選ばれたのである。以来、多くの新島襄研究者が八重の研究に取り組まれ、八重がらみの文献は、今では枚挙に遑（いとま）がないほどであり、私も大いに勉強させてもらった。

その結果、八重の生涯の全貌が明らかになってきた。砲銃師範の山本家に男勝りの娘として育ち、白虎隊の少年たちに銃の使い方を教え、戊辰戦争では鶴ヶ城に立て籠もり男装をして戦った、「幕末のジャンヌダルク」として生きた第一ステージ。兄山本覚馬を頼って上洛し、新島襄と知り合って洗礼を受け二度目の結婚をし、一心同体となって同志社の運営・発展に尽力する「ハンサム・ウーマン」として生きた第二ステージ。赤十字の社員となり、従軍看護婦をつとめ、皇族以外で初めて女性で叙勲を受けた「日本のナイチンゲール」として生きた第三ステージ。俗事に心を奪われることなく茶道に没頭し、「茶道師範・新島宗竹」として生きた第四ステージ。こうして振り返ってみると、どのステージにおいても、当時の女性としてはきわめてユニークな独自の人生を歩んだことは疑いない。

大河ドラマ「八重の桜」のチーフプロデューサーである内藤慎介氏は、東日本大震災復興のために、新島八重の個性豊かな波乱万丈の生涯を描いて、「日本人の勇気を後押ししたい」と述べたといわれる。おそらくその狙いは的中して、ドラマが進むにつれて、被災者の皆さんに、「がんばろう、日本」の気概を起こさせるに違いない。

問題は、八重の生き方または人間像をどう捉えるか、だと思われる。「女丈夫」とか「日本の元気印」ともいわれているが、私は、新島八重の人物像を一口で言えば、夫・新島襄の生き方を根本に据えた、自治自立の志を持って生きた女性だと考える。八重は、人生行路のそれぞれのステージにおいて、俗事に迷わされず、自由に、自分が正しいと信ずる道を大切にして力強く歩んだ、自らの志、自ら信ずる道を生きるという強い意志をもって人生を歩んだ女傑といってよい。

東日本大震災を契機に、これまでの物質文明、経済優先の時代から「心の時代」へとパラダイム・シフトしなければならないといわれているが、何をもって心の時代というのか、中身が見えてこない。私は、個人の尊重を基礎としたこれからの生き方は、自分の人生をどう生きるかという意志を一人ひとりが明確に自覚することだと思っている。あの時代に生まれながら、自分の生き方を自覚して人生を歩んだ八重の生き様は、現代でも学ぶところが大きいと考えるのである。大震災以来、大いに流行った「絆」や社会の連帯、共生も大切であるが、そのためには、一人ひとりが、良心に従って生きる自治自立の人間であることが求められるのではないか。今こそ、新島夫妻が体現した、各人が良心に従って、「自ら立ち、自ら治める」人間として生きるという自覚が必要なのではないか。「八重の桜」への注目が、「心の時代」の先駆けになればと願うところである。

綾瀬はるかさんの冒頭のお尋ねへの答えを兼ねて、八重の生き方を述べた次第である（文芸春秋平成二五年一〇月号）。

「新島八重子回想録」復刻に当たって

この度、「新島八重子回想録」（同志社大学出版部〔非売品〕）を復刻版として発行することに致しました。本書の原本は、新島八重が八四歳のとき、一九二八（昭和三）年から七回にわたって「同志社新聞」に連載された「同志社の隠れた一面を語る新島未亡人回想録」を基にして、同志社新聞部ＯＢの長澤嘉巳男氏が、一九七三（昭和四三）年に詳細な注記を付けて編集し、発行したものです。

原本は、その出版当時から、それまで知られていなかった新事実や、誤り伝えられていたことの真相を語っている点で興味をもたれたばかりでなく、新島襄の人となりや同志社の発展の真の姿を知る上で貴重な史料であるとの評価を受けてまいりました。特に、等身大の新島襄を溢れるばかりの夫婦愛で回想している点は、私にとって大きな感動でした。

「新島八重子回想録」は、以前から品切れとなっていましたが、ご案内のように、明年（二〇一三年）のＮＨＫ大河ドラマ「八重の桜」の主人公に新島八重が選ばれたこともあり、また、新島八重が自らの生涯を活字にしたものが殆どないこともありまして、同書の復刻を待望する声が非常に大きくなってきました。復刻版を発行する所以であります。

本書をご愛読いただき、同志社の発展を一心同体となって導いた新島襄・八重夫妻の実像をご理解頂ければ幸いです（二〇一二年九月一日）。

八重と裏千家

本日は、「八重と裏千家」と題します講演会とシンポジウムを開催いたしましたところ、多数の皆様がご来場くださいまして、心から厚く御礼を申し上げます。

新島八重の人となりや生き方につきましては、NHK大河ドラマ「八重の桜」により皆様よくご存知かと思いますが、第一ステージとしての幕末のジャンヌダルクと称される会津若松時代、第二ステージとしての新島襄と生活を共にしたハンサムウーマンとしての時代、第三ステージとしての日清・日露戦争において篤志看護婦として活動した日本のナイチンゲールとしての時代、そして、第四ステージとしての茶道に没頭した「新島宗竹」としての時代、これら四つの時代に分けることができます。

今回の講演会とシンポジウムでは、その八重の晩年の生き方そのものにつきまして、同志社大学のご出身であり、碩学であられ、そして、何よりも裏千家の前の家元であられる千玄室大宗匠に基調講演をお願いしました。また、八重研究の第一線の研究者によりますパネル・ディスカッションによりまして、最前線の研究成果を、一般の方々や学生諸君に紹介することを目的として、開催いたしました。

千大宗匠からは「新島八重刀自と茶道」と題するご講演を頂戴いたします。千先生は、大変ご多忙のなか、私共の申し出にご快諾を賜りまして、ここ京田辺キャンパスまでおいでくださいました。改めて、感謝申し上げる次第です。

ご講演の後、「八重の生き方」と題したパネルディスカッションを開催することに致しました。同志社大学の露口教授にコーディネータをお願いし、パネリストとして、八重研究の第一人者であられる佐伯教授および小枝社史資料調査員、さらに女子大学の廣瀬教授、以上四名の方々にご登場願いました。先生方、たいへんご多忙のなか、ご参加くださいまして、誠に有難うございます。ご来場の皆様方におかれましては、新島八重の世界を存分にお楽しみ下さい。

なお、本キャンパスがございます京田辺市長様には、平素よりご協力・ご支援を頂戴しております。お茶の名産地でもあるここ京田辺におきまして、このような講演およびシンポジウムを開催できますことを、大変意義深く感じている次第であります。石井市長様、大変お忙しい中、おいでくださいまして、誠にありがとうございます。

本日は折角の機会でございます。どうか最後まで講演・シンポジウムをお聴きくださいまして、稔り豊かなひとときとなりますことをご期待申し上げまして、簡単ではございますが、開会の挨拶とします（二〇一三年一〇月二六日）。

二〇一六年度入社式・歓迎の言葉

新入社員の皆様、この度の学校法人同志社へのご入社、誠におめでとうございます。心からお慶び申し上げます。皆様は、四月一日から学校法人同志社の一員であります。同志社総長として、心から歓迎申し上げます。

言うまでもないことですが、私学は、国公立大学の独立行政法人化、中学校、高等学校などの公教育の改革と少子化などに直撃されて、応募者の定員割れなど、大きな危機にさらされています。本格的な「私学の冬の時代」に突入して久しくなりますが、私学の危機的状況はさらに深刻になること、必定であります。幸い、学校法人同志社は、教職員のたゆまぬ努力によりまして、現在のところ、それほど深刻な影響は受けていませんが、今後、予想もしない事態に直面するのではないかと、恐れているところであります。

その意味で、皆さんは、それぞれのお立場で、自治自立の精神に基づき、同志社の「現在」がどのような状況にあるかを的確に捉え、同志社の教育研究活動の今後の課題に主体的に取り組んでいただきたいと存じます。特に、過日の廃棄物処理を巡る不祥事で露呈されましたコンプライアンスの不備を反省し、ガバナンスの強化を図ることは、現在の同志社にとって喫緊の課題であります。

特に、教育界の競争環境に、十分配慮していただきたいと思います。同志社は、キリスト教主義、自由主義、国際主義を基礎とした「良心教育」を建学の精神として歴史と伝統を築いてきた学園です。今後、良心教育の中身を現代的に問い直し、徳育を基本とする教学によりまして、モラルに強い、高潔な人格を有する優れた人物を世に送り出すことが、同志社教職員の使命と考えています。どうか、同志社の歴史と伝統を勉強していただきながら、学園の教学の理念に立って、他の学校に対する競争心をみなぎらせ、同志社教学の発展・進化に挑戦していただきたい。

結びに当たり、皆さんにとって、同志社が働き甲斐のある職場となりますことをお祈りして、私のお祝いと歓迎の挨拶といたします（二〇一六年四月三日）。

二〇一五年度同志社大学卒業式

同志社大学卒業生の皆さん、また、大学院修了者の皆さん、ご卒業、ご修了、誠におめでとうございます。改めて、心からお祝い申し上げます。大学生活の間、辛いことや悲しいことが沢山あったかと思いますが、精一杯学業に励まれ、今日、晴れて卒業式、修了式を迎えられました。皆さんの頑張り、ご精進に心からの敬意を表します。

また、今日までお子様をいつくしみ、育んでこられた、ご参列のご父母、ご家族の皆さん、本日は、誠におめでとうございます。心からお喜び申し上げます。こうして、お子様、お孫様がたの晴れ姿をご覧になられ、感慨ひとしおのものがあろうかと存じます。今日までのご苦労、ご心配、ご努力に深い敬意を表する次第です。

さて、卒業生の皆さんは、同志社の建学の精神、すなわち、キリスト教主義教育、自由主義教育そして国際主義教育を基礎とした良心教育のもとで学んでこられました。本日は卒業式の日ですので、この「良心教育」の中身をかいつまんで復習して見ますと、一つ目のキリスト教主義教育と申しますのは、キリスト教を徳育の基本とした人間の生き方を学び、学問だけでなく、品性や徳性を身につけさせるということです。また、自由主義教育といいますのは、学生一人ひとりの自由と個性を尊重し、自治自立の精神と共に、自らの行動には自らが責任を取るという、自己決定・自己責任の生き方を身につけさせるということであります。そして、国際主義教育は、国際交流を盛んにし、グローバルな観点に立って物事を理解し、判断し、行動できる人間、国際社会の舞台で通用し、活躍できる国際人の育成を目指すということです。

こうした三つの柱を基本として、最終的には絶対者としての神様との対話を通じて物事を決める心を育てる、これが同志社ブランドとしての「良心教育」であります。

同志社の創立者・新島襄は、「良心の全身に充満したる丈夫の起こり来たらんことを」という願いを込めて同志社を作りましたが、ここで言う「良心」とは、只今申しました「絶対者・神様と対話を通じて物事を決断する心」、言い換えますと、聖書を読み、祈りを通じて神様と対話し、神の霊とのコミュニケーションを通じて物事の是非を判断し、行動する内なる心、それが「良心」であります。この「神様との対話・コミュニケーション」

を豊かなものとするためには、キリスト教主義、自由主義および国際主義を理念とした教育・学習が極めて重要であると考えるのです。

同志社大学は、こうした良心教育の考え方に従って、皆さんが立派な人物に成長し、幸福な人生行路を歩むことができるように願っているのですが、皆さんは、只今申しました良心教育の成果を、十分身につけられたでしょうか。卒業に当たって、改めて振り返っていただきたいと思います。

ところで、卒業式に当たりまして、皆さんに二つの言葉をはなむけとして送りたいと思います。

一つ目ですが、皆さんは、キリスト教を学んだ者として、キリスト教の一番大切な考え方の一つ、「自分を愛するように、あなたの隣り人・隣人を愛しなさい」ということをしっかりと身につけて欲しいということです。この隣人愛を貫き通すことは、大変難しいのですが、しかし、今日の日本の社会に見られる理不尽な争いや児童の虐待、さらに貧困や格差社会を改めるためには、単なる理想としてではなく、現実の社会生活の問題として、皆が自分と同じように他人を大切にする、いわゆる隣人愛に基づく社会を築く以外にないと考えます。この「未来社会」を愛し、その希望を持って生きることが、いまだに仮設住宅で困難な生活を強いられている被災地の復旧・復興にとって、また、テロや内戦、経済競争に明け暮れている国際社会にとって、非常に大切であると考えるのです。

二つ目は、「受けるよりは、与えるほうが幸いである。」という聖書の一節を噛みしめ、忘れないで欲しいということであります。本当の人間としての喜びは、物を与えられ、利益を得ることより、他の人が本当に必要としているものを与えることにあるというのです。イギリスの首相であったチャーチルは、「人は物を得ることで生活を営むことができるが、人に与えることで真の人生を生きることができる」といいましたが、理不尽な差別、不条理な災害、社会の歪みから生まれて来る貧困、悲惨な犯罪被害、毎年三万人近くの自殺者が一〇年以上も続いている日本社会の現状は、誠に深刻です。

こうした現状を憂い、心配して、ボランティア活動を中心に、「弱い立場、気の毒な人を助けなければならない」と考えて、それぞれの立場で頑張って働いている人が多くなってまいりました。どうか、同志社で育った皆さんは、良心教育を受けた同志社人として、それぞれの立場で、率先・垂範の精神で、弱い立場の人、不運な人達に援助の手を差し伸べ、支援する活動に参加して欲しいと思います。

私ごとで大変恐縮ですが、殺人や性犯罪といった残酷な犯罪のために、人生を台無しにされてしまっている気の毒な方々を支援し、人生に希望を持っていただくために、一五年前に京都犯罪被害者支援センターを立ち上げ、犯罪被害者支援活動を長年続けてまいりました。理不尽で不条理な被害を受けた方々に、少しでも希望を持って生きていただくために働くことのできる幸福感、充実感、そして至福の気分は、文字通り「与える幸せ」そのものであります。

皆さんは、ご卒業後、いろんな道に別れて人生行路を歩まれるわけですが、同志社大学で受けられた良心教育を元に、地の塩、世の光として、また、一国の良心として国を支える、素晴らしい同志社人に成長され、幸せな人生行路を歩んで下さることを期待しまして、私の祝辞とします（二〇一五年三月二日）。

二〇一五年度同志社女子大学卒業式

同志社女子大学卒業生の皆さん、また、大学院修了者の皆さん、本日は、誠におめでとうございます。また、お子様方を手塩にかけて育てられ、今日のよき日をお迎えになられたご父母、ご家族の皆様、感慨一入のものがあろうかと存じます。皆様の、今日までのご苦労とご尽力に心から敬意を表しますとともに、衷心からお喜び申し上げます。

さて、改めて申すまでもないことですが、同志社は、キリスト教主義、自由主義・自治自立主義、そして国際主義を基礎とした良心教育を実践している学園であります。そして、同志社の教育が、日本の国や社会を良くするために行われていることはもちろんですが、しかし、何よりも私たち教職員が念願していますのは、同志社女子大学で学んだ皆さんが、一人の人間として光り輝き、それぞれが幸せな、実り豊かな人生行路を手に入れて欲しいということであります。

それでは、どうすれば、幸せな人生行路を歩むことができるのでしょうか。皆さんは、大学生活で、同志社の自由な雰囲気、個人の生き方を尊重する自治自立の精神を肌で感じてこられたと思います。校祖新島は、教育の目的は、「知識あり、品行あり、自ら立ち、自ら治める自治・自立の人物を養成することにある」と宣言しました。自から立ち、自ら治める、自治・自立の精神がなければ、幸せが訪れることはないと考えたのであります。これが同志社精神の一つである自由主義、自治自立主義の本当の意味であると考えています。

しかし、自治自立しているだけで幸福になれるわけでないことは、もちろんです。私は、現在までの私自身の生き方を振り返り、特に、二つのことが大切であると考えています。

一つは、幸せな人生行路を歩むためには、人生の夢、目標、平たく言えば、「一生かけてやり遂げたい」人生の目的を、できるだけ早く、自分自身で作り上げることが大切だということです。もちろん、生涯変わらない人生の目的や目標は、簡単に見つかるものではありません。しかし、皆さんは、これまでの大学生活を通じて、ぼんやりとした形ではありますが、心の中で、人生の夢、あるいは目的・目標を描いているのではないかと思います。そうした夢を持ち続け、これからの社会生活のなかで更に積み上げ、出来るだけ早く、自分の目指す人生行路を固めて行くことが大切だと思います。

そして、目標がはっきりとしましたからには、諦めないで、目標の実現、自己実現に向かって挑戦することが肝心だと思います。私は、そうした目標達成への努力・挑戦する姿勢こそ、皆さん一人ひとりに勇気を与え、心に充実感をもたらすものと確信します。

もう一つは、同志社ブランドとも言うべき良心教育から導かれた、良心に従って行動するということであります。私たちは、たしかに、目標に向かって邁進するときに幸せを感じるのですが、しかし、良心の痛みや良心の呵責を背負っていたのでは、本当の幸せを感ずることはないと思います。新島は、「良心を手腕に運用せよ」と申しましたが、良心とは、「神様との対話つまり『祈り』を通じて内なる声を聴き、それに従って行動するという心構え」のことであり、その良心を通じて、「仰いで天に愧じず、伏して地に愧じない」人生を歩むとき、本当の意味での幸福感、充実感に充たされるということ、これが、今日までの私自身の経験から得た結論であります。

しかし、幸せな人生行路を歩むためには、それを支える国家・社会体制がなければなりません。戦後七〇年間、私たち日本国民は、憲法の民主主義、人権尊重主義、平和主義という大きな原理に基づいて、紆余曲折はありましたが、文化的な国家の建設および世界平和と個人の福祉の実現に向けて取り組んで来たと言ってよいと思います。そして、皆さんが、これから幸福な人生行路を歩むためには、現在の日本国憲法の原理に基づいて国を運営し、また、社会生活を営むという、立憲主義の社会・政治体制を維持・発展させ、「一国の良心」として活躍することが求められていると思います。

結びに当たり、これからの人生が、皆さんにとって素晴らしいものとなりますように、そのために人生の目標を立て、それを常に自覚し、その自己実現に向かって、良心に恥じることのない、挑戦する人生行路を歩まれるよう期待し、また、お祈りして私の祝辞とします（二〇一六年三月一八日）。

『野心家たれ！』

本日は、新入生の皆さんに、これからの大学生の心構えについて、少し、お話しします。タイトルを「野心家たれ！」としましたので、おそらく皆さんは、「大政治家になれ、大事業家になれ」、あるいは「宇宙の時代に相応しい生き方をせよ」といった内容の話を期待されたのではないかと思います。確かに、野心家とは、国語辞典によりますと「密かに抱く大きな望み」あるいは「身分不相応な大きな望み」とか、例えば「政治家になりたいという野望を持つ者」のこととありますが、今日お話ししようとするのは、皆さんもよくご存じの札幌農学校クラーク博士の「Boys, be ambitious（青年よ、大志を抱け）」という言葉についてであります。

クラーク博士（一八二六～一八八六）は、マサチューセッツ農科大学の第三代学長の時、明治政府の熱心な誘いで一八七六年（明治九）に来日し、札幌農学校（現北海道大学）の教頭として教鞭を執りました。その間、内村鑑三や新渡戸稲造などに深い感化を及ぼしたことは、よく知られています。その後帰国し、一八八六年にアメリカの東部アーモスト市〈新島襄が学んだアーモスト大学の所在地〉で亡くなりました。余談になりますが、二〇〇三年五月に、私はアーモスト大学で名誉博士の学位を授与された折に、アーモスト大学の近くに建てられたクラーク博士のお墓にお参りしてきました。

それはさておき、博士は、札幌農学校を辞して帰国する際に、有名な「Boys, be ambitious」というメッセージを述べ、生徒たちを激励しました。ご案内のように、「青年よ、大志を抱け」と訳されていますが、「ambitious」には、野心的なという意味があることは、ご存じのとおりです。そこで、クラーク博士が本当に言おうとしていたことを解明しておきたいというのが、今日の奨励の狙いであります。

ところで、「青年よ、大志を抱け」という言葉は、今では名言の一つとして、この言葉だけが一人歩きして有名となっていますが、実は、それに続く言葉がクラーク博士の本当に言いたかったところなのです。

"Boys, be ambitious! Be ambitious not for money or for selfish aggrandizement, not for that evanescent thing which men call fame. Be ambitious for the attainment of all that a man ought to be.〟訳してみますと、「青年よ、大志を抱け。それは金銭や我欲のためではなく、また、人が名声と呼ぶあの空しいもののためであってはならない。人間が人間として、当然備えていなければならない、あらゆることを成し遂げるために大志を抱け！」と呼びかけたのですね。

では、「人間が人間として、当然備えていなければならない、あらゆること」すなわち「人間としてしなければならないこと」とは何でしょうか。それは、「人格の完成」であると明言したのは、新渡戸稲造博士でした。新渡戸稲造がかつて五千円札の肖像となっていたことは皆さんもご存知かと思いますが、彼は、一八六二年（文久二年）に盛岡に生まれ、札幌農学校でクラーク博士に学び、東京大学に入学するときには、面接官に「私は西洋と日本を結ぶ太平洋の橋になりたい」と述べたというエピソードでも有名です。農学者であるとともに教育学者、倫理学者として活躍しました。英文で書かれた「武士道＝The Soul of Japan」は、多くの国で翻訳され、世界的に有名になりましたし、日本語で翻訳されて岩波文庫に収録されています。そして、東京女子大学の初代学長でもありました。

その新渡戸稲造は、クラーク博士が「人間が人間として備えていなければならないあらゆること」（all that a man ought to be）といった本当の意味は、「人格の完成」であり、クラーク博士は、「人格の完成を人生の目的」とする野望を抱け、つまり「大志」を抱けと説いたのだというのです。言い換えますと、「人格の完成」という大事業をやり抜くという野心、つまり「大きな志」を持てと説いたのです。

ところで、「人格の完成」という言葉は、日本の教育の根本になっている教育基本法という法律でも使われているのですね。その第一条は「教育の目的」として、「教育は、人格の完成を目指し、平和で民主的な国家及び社会の形成者として、必要な資質を備えた、心身ともに健康な国民の育成を期して行われなければならない」と規定しています。つまり、「人格の完成」は、一人クラーク博士ばかりでなく、今日の日本では、国民の代表者が国会で議論し、いわば国民の意思として規定された教育についての考え方、理念といってよいと思います。そうだとしますと、「人格の完成」は、国民の誰もが目標とすべきであって、諸君の人生行路の目標ともすべきものではないかと思うのですが、皆さんを含めて、人生の目的は「人格の完成」にあると真面目に考えている人は少ないように思うのです。いかがでしょうか。

実際、平成一八（二〇〇六）年に教育基本法を改正しようとしたとき、改正前の「人格の完成」という文言を使うかどうかで議論がありまして、「人格の完成」というと「神様になる」ということであるから、キリスト教徒ならば理解できるが、キリスト教徒が国民の一パーセントしかいない日本の場合は、「人格の完成」を教育の目標ないし理念とするのには問題があるといった反対論がありました。

では、そもそも「人格の完成」とは、どういう意味なのでしょうか。普通「人格」というときは、人柄とか人品を指しますが、心理学的に申しますと、その人固有の考え方や行動のパターンのことです。こうした人格は、生まれながらの性格に由来する場合もありますが、病気によるものでない限り、その人の努力で変えることができるといってよいと思います。そして、人間はいろいろな面で成長できるのでありまして、肉体的成長や知的な成長と同じように、その人の意思ないし努力で人格の成長をもたらすこともできる。教育基本法は、このように考えて、「教育は人格の完成を期して行わなければならない」としたのだと思います。

問題は、「人格の完成」にいう「人格の中身は何か」にあります。具体的にどういう人格を目標に生きて行くかということですが、文部科学省は「人格教育」をもって、「円満な人格の完成を目標とする教育」といっていますから、おそらく「円満な人格」が目標とすべき人格ということになります。したがって、人生の目的は、円満な人格を作り上げることに帰着するということになります。たしかに、円満な人格者になることは大変ですから、野望とするに値する大事業といっても差支えないとは思います。

しかし、諸君に、「あなたは、これから何を目標に生きて行きますか」と尋ねたとします。それに対して、「私は、円満な人格者を目指して頑張りたい」と答えられたのでは、もうひとつ迫力がありませんね。なぜかと言えば、学校教育のように先生が子供たちを対象として育てるという場合には役に立つのですが、自ら主体的に「人格の完成」に取り組む場合には、「円満な人格」だけでは不充分です。第一、それで生き甲斐を感じて幸せな気分になる人は、少ないと思いますね。

クラーク博士やその門下の新渡戸稲造、内村鑑三といったその弟子たちの考えた「人格の完成」について考えてみますと、三人ともクリスチャンですから、彼らは、当然、キリスト教の「人格の完成」を考えたと思われます。キリスト教によりますと、人間は、神のかたちに似せてつくられたのであり、人間の一生は、一歩一歩神に近づくプロセスに過ぎない。私たちの人生行路は、人間の自由な意思に基づく努力によって、人格を完成させることでなければならない。この「人格の完成」を目指す長い旅路が人生行路であり、これこそクラーク博士が「大志を抱け」と説いたメッセージの中身だと思うのです。

では、その大事業のために、私たちは、何をすればよいのでしょうか。答えは人によって異なってくると思いますが、私は、聖書の二つの言葉がキリスト教の本質を示しており、そこで求められている人格こそ、キリスト教が求めている人格だと考えています。

その一つは、ヨハネによる福音書の聖句。「私のいましめは、これである。わたしがあなたがたを愛したように、あなたがたも互いに愛し合いなさい。人がその友のために自分の命を捨てること、これより大きな愛はない。」（ヨハネによる福音書一五章一二節～一三節）という一節であります。この隣人愛を導く人格、この人格を自らの力、努力で作り上げることが「完成」という意味だと思います。自分を愛するのと同じように隣人を愛するということは大変ですが、そういう難しい行動をとれるように、自己の良心に忠実に従って、自治自立の精神で「人格の完成」を全うするように努力する。そこに大きな喜びがあると思います。

もう一つの聖書の言葉は、「受けるよりも、与える方が幸いである」（使徒行伝二〇章二五節）という一節でありまして、「与える喜び」を実践できる人格の形成が、大変重要であると考えます。

偉大な英国人といわれた第二次世界大戦の英雄ウィンストン・チャーチルは、「人は受けることで生活を営むことができるが、与えることで真の人生を生きることができる」という名言を吐きました。「与える幸せ」を感ずることによって一歩一歩神に近づく。そのプロセスこそ人生行路であり、その結果、神の愛を完全に自分のものとするとき、「人格の完成」を自覚することができるというわけです。「人格の完成」は、自動的に達成するものではなく、人に与えるという行為から生まれる喜び、これを通じて人間として成長するのであり、それこそが「人格の完成」のための努力であり、人生にとっての大事業であると思うのです。これが本日の奨励の結論です（二〇一六年四月一九日チャペルアワー）。

二〇一五年度同志社高等学校卒業式

同志社高等学校の卒業生の皆さん、ご卒業、誠におめでとうございます。心からお祝いを申しあげます。この三年間、辛いことや悲しいことがあったかと想像しますが、先生方の熱心なご指導を受け、お友達と力を合わせ、一生懸命学業に精を出されて、高等学校の三年間を無事終了され、今日、晴れて卒業式を迎えられたのです。皆さんの努力、精進に心からの敬意を表したいと思います。本当に、おめでとうございます。また、ご列席のご父母、ご家族の皆様、お子様のご卒業、心からお喜び申し上げます。

さて、卒業生の皆さんは、三月三一日をもって全員一八歳となりますが、ご存知のように、昨年六月一七日、日本の選挙権の年齢をアメリカやイギリスなど世界の大部分の国と同じように、二〇歳以上から一八歳以上とする新しい公職選挙法が成立致しました。今年の六月以降に予定されております国政選挙、つまり参議院選挙から、すべての選挙について、皆さんも投票できることになったのです。成人式を待たずに、一般の大人と同じように選挙権を持つ主権者、つまり国家の主人公になったわけです。一方、只今、憲法の改正が問題となっていますが、日本国憲法の改正については、一〇年ほど前に、一足早く法律ができまして、憲法改正の国民投票については一八歳以上の者が投票権を持つことになっています。

なお、民法という法律では、「年齢二〇歳をもって、成年とする」と定められていますから、日本人の皆さんは、選挙権はありますけれども、満二〇歳になるまでは未成年者であります。また、少年法という法律でも、二〇歳未満は少年として扱われますので、成人となったわけではありません。もちろん、「二〇歳に満たざる者」として、酒やたばこは法律で禁止されています。

さて、皆さんは有権者となったのですから、これまでのように国や社会に無関心でいるわけにはまいりません。皆さんの多くは、さらに大学に進学されると思いますが、進学するかどうかは別として、主権者として、単に勉強や仕事をするだけでなく、現在の政治や経済、社会の仕組みを自ら学び、自分の力で、民主的で文化的な国を建設するという気概、やる気が求められていると言わなければなりません。特に、国際的にはテロが横行して、平和な国際社会を築くのが、大変難しい状況となっています。また、国内的には安全保障関連法の制定をめぐっての立憲主義の問題や、格差社会の解消、経済の安定など、多くの課題を抱えています。

皆さんは、国の政治を決めることができる主権者になったのですから、それだけに、政治的な責任は重くなったと言わなければなりません。しかし、皆さんは、主権者となったかどうかとは関わりなく、キリスト教主義、自由主義、国際主義を柱とする良心教育を受けた人間として、選挙権の行使は勿論のこと、「良心の全身に充満したる丈夫」としての自覚をもって、民主的で、人権を尊重する平和な世界を、自分の手で実現して見せるくらいの大きな志、「大志」を抱いて、広く社会や世界に貢献するよう、頑張っていただきたいと思います。

結びに、私は、同志社総長として、皆さんお一人お一人が、自治自立の志をもって精進され、素晴らしい人物として成長されることを、心から期待します（二〇一六年三月一〇日）。

二〇一五年度同志社小学校卒業式

全部で九〇名の同志社小学校卒業生の皆さん、いよいよ卒業ですね。同志社小学校ともお別れする日が来ました。ご卒業本当におめでとうございます。心からお喜び申し上げます。この六年間、雨の日も寒い風の日もありました。岩倉の冬は、本当に寒いですね。そして、病気になったり、つらい日もあったかと思います。しかし、皆さんは、それに堪え、辛抱して、元気よく同志社小学校に通い、今日晴れて卒業式を迎えることができたのです。皆さんの頑張りに、心からの拍手を送りたいと思います。

ご参列のご父母、ご家族の皆様、本日は誠におめでとうございます。手塩にかけて育てられたお子様方の晴れの姿をご覧になられて、感慨一入のものがあろうかと存じます。心から、お子様のご卒業をお祝いいたします。

卒業生の皆さんは、同志社小学校での六年間、国語や算数、理科など、学校の勉強をしっかり学習しました。そして、新島襄が学んだアーモスト大学やアメリカ・ボストンへの修学旅行、全力で疾走したスポーツ・フェスティバル、楽しいことが沢山ありました。友達も沢山できましたね。

皆さんは、四月になりますと中学生です。小学生の間は「児童」と呼ばれていましたが、中学生になりますと、「生徒」と呼ばれます。呼び方が変わるのですね。皆さんは、同志社小学校で六年間、しっかりと勉強してきました。中学生になりましたら、これまで勉強してきたことを土台として、中学生の勉強に励んでください。同志社小学校の卒業生は、「生活態度が立派なだけでなく、勉強も良くできる」と評判になるように、頑張って欲しいと思います。

そればかりではありません。皆さんは、同志社を作った創立者・新島襄先生の良心教育について学びました。どうか、同志社小学校で学んだことを大切にし、勉強ばかりでなく、「えらいひとになるよりも、よいにんげんになりたいな」と校歌でうたったように、心の優しい、良い人間、立派な人間になるために、中学生になりましても、引き続き頑張って下さい。

ご卒業、本当におめでとうございます（二〇一六年三月一二日）。

同志社小学校開校一〇年記念式典

同志社小学校は、学校ができてから一〇年目という記念すべき年を迎えました。同志社小学校の児童・ご父母・ご家族の皆様、そして教職員の皆様と共に喜び、お祝いし、同志社小学校をここまで導いてくださった神様に感謝したいと思います。

今日は、開校一〇年目の記念日ですので、同志社を作った新島襄先生が、学校で教えようとしたことについてお話します。

まず、皆さんは、同志社のマークがどんな意味か、ご存知でしょうか。三つの逆三角形となっていますね。少し難しい言葉になりますが、一つ目の三角形は、「知育」、二つ目は、「徳育」、三つ目は、「体育」のことで、この三つがバランスの取れた人間になって欲しいという願いが込められています。

これをもう少し分かり易く話してみましょう。最初の知育は知識を育てると書きますが、これは、教わっていろんなことを知ったり、考えたりする力を育てること、一口で言えば国語や算数といった学校の勉強のことです。学校では、勉強をしっかりやることが大切だと、新島先生は考えました。そして、こういいました。「学力がなければ尊敬されないし、勉強がさっぱりできなくて、みんなの笑いものにされてはならない。私たちの学校を魅力的な良い学校にするためには、よその学校に後れを取ってはならない。それどころか、先を行くことが絶対に必要である」。そして、「蛇のように賢くあれ」という聖書の言葉を心に刻んで、しっかり勉強をしなさいと結んでいます。

次は、徳育です。「徳」といいますのは、皆から尊敬される、善い行いをすることです。このような立派な人間になれるように育てるということが徳育という意味です。新島先生は、悪いことをしない、良い人間となるためには、聖書を読み、キリストの教えを聞き、神様にお祈りして、正しい人間として育つことが大切だと考えました。皆さんは良心碑を知っていますね。良心碑には、「良心の全身に充満したる丈夫の起こり来たらんことを」という新島先生の言葉が書いてありますが、これは、良い心を持ち、正しい行いができる人間に育って欲しいという新島先生の願いを込めたものです。

最後に、体育ですが、これは、立派な人間に育つためには、体を鍛え、健康に育つことが絶対に必要だという意味です。新島先生は、学校の体育に力を入れた方です。皆さんの中には、体育が苦手だと思う方もいらっしゃるかもしれませんが、決して嫌いにならないで、健康で立派な人間となるために、体育に積極的に取り組んで欲しいと思います。

このように、皆さんは同志社小学校の児童として、「知育・徳育・体育」のどれにも努力し、特に谷川先生が書かれた校歌にある通り、「えらいひとになるよりもよいにんげんにな」れるように、同志社小学校でさらに頑張って下さい（二〇一五年二月二七日）。

二〇一五年度同志社国際学院初等部卒業式

同志社国際学院初等部卒業生の皆さん、ご卒業、本当におめでとうございます。心からお祝い申し上げます。同志社国際学院に三年生として編入学された皆さんは、前の小学校のお友達とお別かれして、新しい学校に入ってこられたのですから、初めは大変でしたね。

しかし、皆さんは、それに堪え、辛抱して、元気よく国際学院に通いました。四月になりますといよいよ中学生です。今までは「児童」でしたが、中学生になりますと「生徒」に変わるのです。三年間、皆さんは、日本語と英語でしっかり勉強してきました。中学校に入りましたら、これまで勉強してきたことを土台として、中学校の勉強に励みましょう。「国際学院の卒業生は、勉強がよくできる」と評判になるように、一生懸命頑張って欲しいと思います。

そればかりではありません。皆さんは、同志社を作った創立者新島襄の良心教育を学びました。また、キリストの教えについても沢山学びました。そして、晴れて卒業式を迎えることができたのです。皆さんの頑張りを、心からほめたたえ、拍手を送りたいと思います。また、ご参列のご父母、ご家族の皆さま、お子様方のご卒業、感慨一入のことと存じます。心からお祝い申し上げます。

さて、卒業生の皆さん、同志社国際学院での三年間、学校やご家族との生活で、いろんなことがありました。しかし、一番思い出に残るのは、何と言っても、東日本大震災ですね。皆さんが同志社国際学院に入る少し前の三月一一日、東日本大震災が起こり、それに続いて起こった原子力発電所の事故は、忘れられない大変な出来事でした。

ご存知のように、亡くなった人は約一万六〇〇〇人、行方のわからない人、つまり行方不明者が、約二六〇〇人もいるのですね。そして、今でも仮の家・住宅で暮らしている人が沢山いらっしゃるのです。前のことになるので、世間では忘れかけている人が多いようですが、自分が被害に遭ったことを想像してみましょう。被害に遭われた方々、その家族の皆さんが、一日も早く、元の生活に戻ることができるように、祈りましょう。思いやりのある心、助け合い、励まし合う心を育て、大切にしたいと思います。

皆さん、初等部で学んだことを大切にし、勉強ばかりでなく、人間として立派になれるように、中学校でも、引き続き努力してください（二〇一五年三月一九日）。

二〇一五年度同志社幼稚園卒園式

皆さん、おはようございます。今日は、皆さんの卒園式の日です。

同志社幼稚園の三〇人の卒園児の皆さん、おめでとうございます。元気一杯の顔が並んでいますね。皆さんは、同志社幼稚園に、三年前に入園しました。その時のことを覚えているかな？お母さんやお父さんに手を引かれて入園しましたね。

あれから三年、もう卒園式となってしまいました。四月になりますと、小学校一年生になるのですね。皆さん、嬉しいですか。嬉しい人は、手を上げてください。嬉しいですよね。

お父さんやお母さん、おじいちゃん、おばあちゃん、みんな嬉しいです。幼稚園の先生も喜んでいます。そして、総長先生も嬉しいです。

同志社幼稚園では、いろんなことを習ったり、教わったり、遊んだりしました。お友達もできました。良かったですね。皆さんが、こうして元気に卒園できるのは、お家の人や先生がたが、何時も皆のことを考えて、一生懸命お世話してくださったからです。お世話になった堂腰園長先生を始め、先生方、お家のお父さん、お母さん、おじいちゃん、おばあちゃんに、有難うとお礼を言ってあげてください。

皆さんは、同志社幼稚園で、いろんなことを教わりましたが、一番楽しかった思い出は何でしたか。クリスマス・ページェントはどうでしたか。神様の子・イエス・キリストが生まれた日のお話でした。同志社幼稚園は、キリスト教を大切にする幼稚園ですから、キリスト様や神様にお祈りをし、讃美歌を歌うのですね。小学生になっても、神様のこと、イエス・キリストのこと、そして同志社を作った新島襄先生のことを忘れないでくださ い。そして、何よりも同志社幼稚園、幼稚園のお友達を忘れないでくださいよ。

終わりに、保護者の皆様に、一言、御礼を申し上げます。この三年間、同志社幼稚園に賜りました物心両面にわたりますご支援、ご協力に対しまして、心から厚く御礼申し上げます。お陰をもちまして、本日、お子様方を無事送り出すことができました。同志社幼稚園のスタッフ一同、心から感謝申し上げる次第でございます。お子様方の前途を祝福して、御礼の言葉に代えさせていただきます（二〇一六年三月一六日）。

第2部　京都犯罪被害者支援センター関係

公益社団法人として新たなスタート

一九九八（平成一〇）年五月に、任意団体として、わずか四五名の会員で発足した京都犯罪被害者支援センターは、二〇〇〇年四月に社団法人となり、二〇〇三年には犯罪被害者早期援助団体に指定され、二〇〇五年には特定公益法人に認定されました。そして、二〇一一年四月一日をもって「公益社団法人京都犯罪被害者支援センター」として生まれ変わり、新たなスタートを切りました。会員数は約三五〇人、賛助会員約六〇〇人を擁する団体となり、二〇〇八年に施行された公益社団法人等の認定に関する法律に基づき、「民」による公益の増進を目指して、活動を開始した次第です。

当支援センターは、相談事業や直接支援事業その他の活動を通じて、犯罪や犯罪に類する行為の被害者とその家族の悩みの解決や心のケアを支援し、社会全体で被害者の方々をサポートできる環境づくりに寄与することを目的とするもので、只今は約三〇名のボランティアの皆さんが活躍されています。本年四月九日には、京都市犯罪被害者支援条例が施行され、当支援センターが支援事業を委託されました。この度の公益社団法人の認定を機会に、自治体との連携を強めつつ、「民」による犯罪被害者の福祉の増進に寄与する所存です（京都犯罪被害者支援センター・ホームページ）。

犯罪被害者等支援の連携協力について

私は、只今、ご紹介に与りました公益社団法人京都犯罪被害者支援センターの代表理事を務めております大谷でございます。本日は、しばらくの時間を頂戴して、京都犯罪被害者支援センターのあらましについて、手短にお話をしたいと思います。宜しくお願い致します。

改めて申すまでもなく、犯罪にはいろんな種類があります。代表的なものは、殺人や傷害、強盗、強姦などですが、交通事故によって、お亡くなりになったり、大怪我をするのも、もちろん犯罪被害です。このような人身犯罪、言い換えますと、人の体に危害を加える犯罪に遭いますと、被害者やその遺族は、当然のことながら大きな痛手を被ります。殺人について申しますと、かけ替えのない人生を台無しにされてしまった被害者本人は申すまでもないことですが、働き手を失った遺族は、すぐに生活に困りますし、大怪我を負った人は、仕事もできなければ治療も受けなければならない。大きな経済的な打撃を被ることは、言うまでもありません。

しかし、犯罪による被害はお金の問題つまり経済的打撃にとどまりません。被害者やその遺族の方は、大変な心身の苦痛を味わうばかりではありません。殺人事件や死亡事故が起こりますと、マスコミが大騒ぎする。警察も被害者の遺族のところに真っ先に飛んでくる。近所の人も好奇心で見つめる（いわゆる第二次被害ですね）。これからどうやって生きて行けばいいのかといった不安。なぜ犯罪に巻き込まれたかといった後悔や自責の念。また、再び強姦されるのではないかといった不安感や恐怖心。もう誰からも相手にしてもらえないといった孤独感。そして、何よりも相手に仕返しをしてやりたいといった復讐心・怒り。被害者や遺族の方は、こうした、やり場のない「心の痛手」に苦しみ、無気力・絶望感に陥ると言われています。つまり、犯罪による精神的打撃は、計り知れないものがあるのです。最近では良く耳にするトラウマ（心の傷）、あるいはPTSD（トラウマの後のストレスによる精神障害）といった精神状態になるのですね。

こうした被害者やその遺族の方々の、悲しく哀れな姿をつぶさに観察しますと、犯罪被害者の皆さんは、一人の人間として、幸せを求めて生きる権利を奪われてしまっている人が多いのです。

私は、三〇代のときに、このような犯罪被害者の悲しく哀れな姿に心を動かされ、今から四〇年ほど前に「犯罪被害者の人権」ということを日本で初めて本格的に訴えて、「犯罪被害者の生活を支援する運動」を京都で始めました。そのエピソードは、木下恵介監督の「息子よ」というタイトルの映画で紹介されていますので、ビデオでご覧いただけます。

私は、まず、被害者やその遺族の方の経済的打撃をサポートする法律を作ることに奔走しました。その結果、一九八〇年に、殺人や強盗強姦で殺された遺族の方、また、重い傷害を受けた被害者の方を、国のお金で財政的に支援する法律、正式な法律の名前をいいますと、「犯罪被害者等給付金の支給に関する法律」という法律が制定されたのです。その意味で、京都は犯罪被害者支援の発祥の地といっても、決して言いすぎではないと、密かに自負しています。

しかし、犯罪被害者の方々にとって大切なのは、お金の問題以上に精神的な立ち直り、心のケアなのですね。ここ一〇数年の間に、犯罪に関する法律が沢山出来ましたが、その多くは、犯罪被害者支援に関するものといってよいほどです。警察、検察及び裁判所の犯罪被害者についての制度改革も、目を見張るものがございます。特に、二〇〇四年に「犯罪被害者等基本法」という法律ができて、初めて被害者の人権が法律上正式に認められることになりました。

①被害者遺族や家族が裁判を傍聴するときは、一般の人に優先してこれを認める、いわゆる「傍聴優先制度」、また、②殺人などの重大犯罪の事件については、犯罪被害者は、検察官と並んで刑事裁判の法廷に出て、証人尋問、被告人に対する質問、更には論告つまり、刑罰を要求する権利を認める「被害者参加制度」といった制度ができました。また、警察、検察、裁判所に関しては、被害者を手厚く保護するために、かつては考えられなかった制度が認められるようになりました。そればかりか、自治体も、条例で、犯罪被害者の支援を認めるようになったのです。京都府下でも、京都市を初め、多くの市町村が犯罪被害者支援に関する条例を作っています。

しかし、犯罪被害者のやり場のない精神的な打撃や苦しみを癒し、元の生活を少しでも取り戻すための心のケアが最も大切なのですね。近所の人や民間人が手を差し伸べ、被害者に寄り添い、社会全体で支えてあげることが、被害者の社会復帰にとっては、とても大切なのです。イギリスやフランス、アメリカなどの国々では、早くから、ボランティアの皆さんの力を借りて支援する動きが、展開されていました。

先程の給付金支給法ができましてから、私はしばらく被害者支援の仕事から離れていたのですが、今から二六年前の一九九〇年に、「犯罪被害者給付制度一〇周年記念シンポジウム」が東京で行われ、私もパネリストとして参加したところ、被害者の遺族の方から、民間支援の必要性を熱く訴えられまして、手をこまねいてきた私は、その日、「犯罪被害者支援の父」と言われた大谷先生の怠慢は許されないといった手厳しい批判にさらされ、驚いた次第です。

このシンポジウムをきっかけとして、一九九二年に東京医科歯科大学に「被害者相談室」が開設されました。ごく小規模のものでしたが、これがおそらく民間支援団体の第一号かと思います。その後、相次いで民間団体が設立されました。私も被害支援発祥の地において、大学の先生や弁護士、精神科のお医者さんなどの協力を仰いで、民間団体を設立することにしました。ボランティアによる犯罪被害者支援団体を、今から一八年前の一九九八年五月に、全国で一〇番目の任意団体として立ち上げたのです。これが京都犯罪被害者支援センターの始まりです。ちなみに、民間団体は全国に広がり、只今は、四七団体になりました。その民間団体の組織として、犯罪被害者支援全国ネットワークというものができていますが、その理事長は、京都犯罪被害者支援センターの副理事長でもあります、オムロン株式会社の元副社長でありました平井紀夫さんが勤めています。

京都犯罪被害者支援センターは、三〇名のボランティアの皆さん、七名の事務局の皆さんで運営しているのですが、初めは電話相談だけでした。しかし、二〇〇三年に犯罪被害者等早期支援団体として、京都府公安委員会の指定を受けたころから、犯罪被害者の支援にとって最も大切な直接的支援、つまり、被害者の方々に接して、直接にお世話する直接的支援というものが増えてまいりました。その傾向は、四年前に公益社団法人の認可を受けてから、一層顕著になりまして、昨年度二〇一五年度を見ますと、電話相談六七一件、面接相談一六六件、裁判所の傍聴の付き添いなどの直接的支援は、実に、二六六件といった実績を挙げています。

一方、犯罪被害者の支援は、自治体など社会全体の協力なくしては十分なことができません。京都市、宇治市をはじめ、府下の市町村では、それぞれ犯罪被害者支援のための条例をつくり、我々のセンターとの密接な連携を図りながら、効果的な支援を目指しているところであります。特に、新しい展開として、来年度から舞鶴、福知山などの京都府北部方面の皆さまのために、京都犯罪被害者ほくぶ相談室を福知山に開設することにしました。

一方、当センターでは、自治体のみならず、社会全体で犯罪被害者を支えるために、「犯罪被害者等支援の連携協力に関する協定」を自治体と結ぶことに致しました。三年前に八幡市、昨年は京田辺市と締結し、今年は、久御山町、そして本日、佐々木南丹市長のご尽力によりまして、南丹市と京都府下で五番目の連携協力に関する協定を結ぶことができました。当センターとして、大変嬉しく、心強く思う次第です。

私たちは、誰でも犯罪被害者になる可能性がありますが、しかし、誰も自分自身が被害者になるとは考えておりません。したがって、犯罪被害者は、突然犯罪に遭遇し、経済的・精神的・社会的被害を受けて、悲しみ、怒り、自責の念に駆られ、いろんな苦しみから抜け出せず、日々平常心を失い、悲しみや怒りを背負ったまま生き続けておられます。

憲法が保障している「幸せを求めて生きる権利」すなわ幸福追求権を奪われてしまっているのです。このような被害者に対して、私たち京都犯罪被害者支援センターの相談員、支援員のボランティアの皆さん、そして職員の皆さんは、被害者の方々に寄り添い、犯罪被害を少しでも軽くし、日常生活の回復を図る活動を展開しております。「犯罪被害者等基本法」がうたっていますように、私共といたしましては、「犯罪被害者が、被害を受けた時から、再び平穏な生活を営むことができるようになるまでの間、必要な支援を途切れることなく受ける」ことができるように、努めてまいる所存でございます。南丹市におかれましても、地域社会全体で被害者を支える体制をおつくりくださいますよう、宜しくお願い致します（二〇一六年七月二八日）。

犯罪被害者支援京都フォーラム

本日は、京都犯罪被害者支援センター及び京都市文化市民局の共催によります「第一六回犯罪被害者支援京都フォーラム」を開催しましたところ、大変お寒い中、多数ご来場くださいまして、心から厚く御礼申し上げます。また、京都府、京都府警察本部、京都弁護士会及び京都犯罪被害者支援連絡協議会におかれましては、ご後援を賜りまして、誠に有難うございます。

京都犯罪被害者支援センターは、一九九八年に設立いたしましたが、それ以来、被害者の方々からの相談を受け、精神的な苦しみや悩みなどにつきまして、ボランティアの皆さんによる支援活動を展開しております。また、京都市におきましては、犯罪被害者等支援条例に基づきまして、京都犯罪被害者支援センターを相談窓口として、犯罪被害者の視点に立った施策を推進しているところです。

本日のフォーラムは、「高齢者の被害・加害について　京都府内の現状と高齢者福祉対策」と題しまして、京都府警察本部からは犯罪被害者支援室長補佐の堤雄一郎さま、京都府からは高齢者支援課副課長の松本剛さま、また、京都市からは地域包括ケア在宅福祉担当課長の西川康子さまから基調報告を頂戴します。

基調報告を踏まえまして、「犯罪に巻き込まれる高齢者」というタイトルで、パネルディスカッションを持つことと致しました。弁護士で当センターの理事である吉田先生にコーディネーターをお願いし、浜本さま、横山さま、浜垣さまのお三方にパネリストをお願い致しました。各位におかれましては、大変ご多忙のところ、お引き受けくださいまして、有難うございます。

ご来場の皆様、折角の機会でございます。どうか、高齢者の犯罪被害支援および高齢者の福祉の理解にとって、実り豊かなひと時となりますことをご期待申し上げ、私の挨拶とします（二〇一六年二月六日）。

犯罪被害者の人権について

私は、犯罪被害者の救済・支援をきちっとした制度とするためには、「犯罪被害者の人権」という考え方が絶対に必要だと主張してきたのですが（『犯罪被害者と補償～いわれなき犠牲者の救済』（一九七五年・日経新書三七頁）、二〇〇五（平成一七）年一二月一二日制定された犯罪被害者等基本法は、「すべて犯罪被害者等は、個人の尊厳が重んじられ、その尊厳にふさわしい処遇を保障される権利を有する」（三条一項）という規定を設けました。この規定は、「すべて国民は、個人として尊重される」と定めた憲法一三条に由来するものであり、犯罪被害者の人権は、まさに、法律上の権利として保障されることになったのです。

犯罪被害者等基本法ができてから、政府は、人間の「尊厳にふさわしい処遇」を求めて基本計画を策定し、その結果、①刑事裁判所による損害賠償命令制度の新設、②重傷病給付金制度の新設（一級四〇〇〇万円）や遺族給付額の増額（最高三〇〇〇万円）、③刑事手続への被害者参加制度などが導入されました。

犯罪被害者の尊厳を守るためには、更なる権利や利益の保護を図る必要があり、国や地方公共団体、さらには民間支援団体との連携によって、地域社会で犯罪被害者を支えていく必要があることはもちろんです。今後は、犯罪被害者等基本法の趣旨に即して、犯罪被害者支援体制を確立するための施策が講じられるはずです。

しかし、いかに権利利益が守られ、支援体制が完備いたしましても、最後は、犯罪被害者の皆さんご自身が、心に負った深い傷を自ら克服して、前向きに、主体的に生きていくことにかかっていると思います。人権の究極の理念は、憲法一三条の「幸福追求権」にあるといわれています。犯罪被害者として、自らの幸福は自ら掴むという憲法の精神に基づいて、人生行路を邁進してくださるよう念願する次第です（ふれあい一一八号）。

京都犯罪被害者支援センター設立一五年周年を迎えて

平素は、京都犯罪被害者支援センターの運営にご支援、ご協力を賜り、代表理事として、心から厚く御礼申し上げます。

一九八〇年に犯罪被害者等給付金支給法ができましてから、精神的・心理的な支援の必要性が叫ばれるようになり、一九九二年の東京医科歯科大学「犯罪被害者相談室」をはじめ、各地に民間支援団体が設立されました。日本での犯罪被害者支援の起点と自負している京都でも、何とか民間支援団体を作りたいと考え、一九九七年の夏ごろから有志の皆さんとご相談し、文字通り手弁当で走り回りました。ようやく見通しが立ったころ、京都府公安委員会の複数の有力委員から横やりが入り、無理解に驚きましたが、幸い、京都府警は全面的に協力して下さり、一九九八年に「任意団体京都犯罪被害者支援センター」の設立に漕ぎ着けることができました。

設立準備で一番困ったのは資金です。相談室用の事務所や機器の確保は待ったがありませんから、資金を用意するのに本当に苦労しました。幸いにして、私どもの苦境をご理解くださる有志の方がおられ、多額の寄附金を頂戴しました。お蔭で、準備段階の出費を賄うことができた次第です。

設立一か月後、ボランティア相談員による電話相談活動を開始しましたが、市民間の関心も乏しく、相談件数も伸びませんでした。また、相談内容も家庭内のトラブルなど、犯罪被害事件とは言えないようなものが多く、期待外れの感を強くしました。さらに、事務局体制が未整備でありましたために若干の混乱が見られ、ボランティアの皆さんにはご迷惑をおかけする事態も起こり、代表者として、存続の危機感を覚えたことは一度だけではありません。

しかし、二〇〇〇年四月に社団法人となってからは、組織として整備され、ボランティアの皆さん同志の軋轢や事務局とボランティアとの不協和音も解消され、支援活動が本格化してまいりました。特に二〇〇三年に犯罪被害者等早期支援団体の指定を受けてからは、警察等の各機関から多くの情報提供を受けることができ、直接的支援の件数も急増しつつあります。また、京都市をはじめ京都府および府下六自治体との連携も可能となり、電話相談、面接相談、直接的支援を含む支援活動は、設立一五周年を迎え、ようやく体制が整ってまいりました。さらに、赤字が常態化していた財政状況も、事務局の大変な努力によって、二〇一三年度はわずかですが初めての黒字決算となりました。

このように、公益社団法人・京都犯罪被害者支援センターは、財政も含め、ようやく体制を整えてまいりました。設立一五周年を記念して、犯罪被害者お一人お一人の心の平安のために、少しでもお力になれるように今後とも努力を続けたいと念願しています。皆様におかれましても、当センターの運営に一層のご尽力を賜りますよう、何卒、宜しくお願い致します（二〇一三年五月二七日）。

京都犯罪被害者支援センター初代事務局長宮井久美子様のご逝去

故宮井久美子様の「お別れの会」に当たりまして、公益社団法人京都犯罪被害者支援センター代表理事として、謹んで追悼の言葉を申し上げます。

京都犯罪被害者支援センターの前理事であり、また、事務局長の宮井久美子様は、去る七月三日、天に召され、不帰の客となられました。誠に悲しく、残念でございます。心から哀悼の意を表します。

宮井さんに初めてお目にかかりましたのは、一九九七年八月に開催されました京都地方精神保健審議会の席上でありました。当時、私は、ボランティアを中心とした犯罪被害者支援団体を京都にも作ろうと考えて準備をしていました。しかし、ボランティアについて、全く無知で困っていましたところ、同じ審議会のメンバーでありました宮井さんが、京都ボランティア協会の副理事長であることを知りまして、犯罪被害者支援の計画をお話しし、一度、時間を取ってくださるようお願いした次第です。突然の申し出でしたので、少し驚いたご様子でしたが、それが、宮井さんとの御交誼の始まりでした。

以来、約一八年間、初めは、京都犯罪被害者支援センター設立のための運営委員の中心として、ボランティアの募集や育成、事務局の開設など、宮井さんは、文字通り粉骨砕身、ご尽力してくださいました。お蔭をもちまして、一九九八年に任意団体としての京都犯罪被害者支援センターを開設することができ、その時から理事・事務局長として、文字通り私の右腕として、ご活躍くださいました。そして、二〇一二年、京都犯罪被害者支援センター理事・事務局長に関して、ご自分から「後進に道を譲りたい」旨お申し出がありまして、三年前にお辞めになられたのです。その後、お亡くなりになられるまで、理事・コーディネーターとして、センターの指導に当たられていた次第でございます。

宮井さんは、一九五八年に同志社大学文学部をご卒業。同志社大学商学部の宮井敏先生と結婚され、お二人のお子様に恵まれて、素晴らしいご家庭を築かれました。その間、主婦業の傍ら、京都地域でのボランティア育成に尽力され、また、女性の権利向上や高齢者福祉にも関心を持たれ、活躍して来られました。しかし、犯罪被害者支援に携われるようになりましてからは、犯罪被害者支援一筋に邁進して来られました。任意団体としての京都犯罪被害者支援センターの理事・事務局長を経て、二〇一二年に公益社団法人京都犯罪被害者支援センターの理事・事務局長の重責を担われたのです。

それればかりではありません。犯罪被害者支援の在り方について独自に研究され、自らも、支援の先頭に立って活躍されまして、多くの被害者やその遺族の厚い信頼を得てこられました。また、実際に支援活動に当たられておられるボランティアの皆さんからも信頼され、犯罪被害者支援体制の確立に努められました。特に、二〇〇三年に京都府公安委員会から犯罪被害者早期援助団体の指定を受けましてからは、警察との連携を図り、その強化に努められました。また、検察庁、弁護士会、臨床心理士会など、犯罪被害者支援の関係団体との交流を深め、被害者や遺族の多種・多様な要望に応える支援体制の整備について、積極的に取り組まれました。そして、宇治市や京都市などの京都府内の自治体に働き掛けて、犯罪被害者支援に関する条例の制定にご尽力くださいました。

一方、宮井さんは、犯罪被害者が置かれている実情や支援活動に関して、あらゆる機会に講演をされ、特に、京都府下の各警察署の犯罪被害者連絡協議会、警察職員に対する研修会、検察庁や弁護士会の研修会、自治体の人権研修会などにおいて、支援の現場に立った者しか分からない被害者の心情や支援の必要性を訴えてこられました。そして、学術的にも高く評価できるセンター設立「一〇周年記念データ集」を発行されました。このお仕事は、犯罪被害者支援の意義を全国的に周知させるものとして、特筆するに値するご業績であります。

こうして振り返ってみますと、宮井さんは、京都犯罪被害者支援センターばかりでなく、全国犯罪被害者ネットワーク、さらには警察庁の犯罪被害者対策にとっても、大きく貢献されました。二〇〇七年に京都府あけぼの賞、二〇一〇年にはオムロンヒューマン大賞、二〇一二年には京都府警察本部感謝状、そして全国被害者支援ネットワーク・警察庁犯罪被害者支援特別栄誉賞をそれぞれ受賞されました。私たちの京都犯罪被害者支援センターにとって、大きな栄誉であり、また、私にとりましても誇りでございます。

昨年、理事会にご出席の宮井さんにお目にかかったのが最後となりましたが、その時、少し御痩せになられた感じでした。しかし、去る七月三日にお亡くなりになられるとは、思いもよりませんでした。私より一歳年下の宮井さんを失ったことは、京都犯罪被害者支援センターとしては勿論のこと、私にとりましても大きな痛手であり、無念でございます。また、ご遺族にとりましても、大変な悲しみであると存じます。

ここに改めて、生前の御交誼に深く感謝申し上げるとともに、改めて、哀悼の意を表し、心から、宮井さんのご冥福をお祈りいたします。そして、何よりも、ご遺族の方々が、悲しみを乗り越えて、一日も早く平安を取り戻されることを念願し、私の追悼の言葉といたします（二〇一五年一二月一日）。

京都府犯罪被害者支援連絡協議会

本日は、二〇一〇年度京都府犯罪被害者支援連絡協議会・通常総会を開催しましたところ、ご多忙の中、ご出席を賜りまして、心から厚く御礼申し上げます。平素は、犯罪被害者支援のため、ご尽力くださいまして、誠に有難うございます。

当連絡協議会は、結成当初三一機関及び団体にすぎませんでしたが、現在は六七機関・団体というように、その数が倍増いたしました。また、官民一体となったネットワーク作りという観点からは、昨年度の久御山町に続き、先般、宇治市が犯罪被害者支援条例を制定し、さらに、京都市も犯罪被害者支援の条例化の検討を開始したというニュースに接しまして、会長として、大変心強く感じています。京都府警察本部犯罪被害者支援室のご尽力に感謝いたしますとともに、ご支援を賜りました各団体及び機関のご理解に敬意を表する次第です。なお、四つの被害者対策分科会からなります被害者支援研究会も次第に充実してまいりまして、着々と成果を上げてきているところです。

本日は、平成二一年度の活動状況の報告と、平成二二年度の活動計画等のご審議をお願いする予定でございますが、犯罪被害者等を効果的にサポートするための官民一体となった支援体制の確立という観点から、活発なご審議を賜りますよう宜しくお願いいたします。

なお、一言、御礼のご挨拶を申し上げたく存じます。私事（わたくしごと）で恐縮でございますが、私は、当連絡協議会長を四期八年間務めさせていただき、この度、任期満了となりました。十分なことはできませんでしたが、つつがなく任期を全うすることができましたこと、会員の皆様及び府警本部の関係者の皆さん、特に犯罪被害者支援室のスタッフの皆さんに、深く感謝申し上げる次第です。

京都府犯罪被害者支援連絡協議会が、所期の目的を達成されますようご期待申し上げ、また、お祈りを申し上げまして、挨拶といたします（二〇一〇年五月二三日）。

犯罪被害者週間街頭活動

主催者を代表して、一言ご挨拶を申し上げます。本日は、犯罪被害者週間にちなみまして、犯罪被害者支援の街頭活動のご案内を申し上げましたところ、趣旨にご賛同下さり、多数ご参加くださいまして、誠にありがたく、心強く存ずる次第です。

犯罪被害者の皆さんやご遺族の方々は、この世で最も悲惨な、残酷な、耐え難い体験を強いられながら、自らの権利を主張できず、長い間、泣き寝入りしてまいりました。

ここ数年来、国や自治体において少しずつ改善されつつあるというものの、被害者や遺族の皆さんの多くは深刻な状況にありまして、社会の支援を求めています。そうした状況に呼応して、昨年一二月一日に犯罪被害者等基本法が制定され、国において総合的な取組みが開始されました。これに基づきまして、「犯罪被害者週間」が新たに設置されまして、今回はその第一回目に当たるのでありますが、被害者支援のゴールは、受けた被害を少しでも軽減し、社会の一員として平穏な日常生活に復帰できるようにすることでなければなりません。そのためには、何よりもまず、社会の皆様の理解と支援が大切です。本日の街頭活動が少しでも社会の皆様のご理解と、暖かいご支援に貢献できることを念願して、挨拶といたします。本日は、よろしくお願いいたします（二〇〇六年一一月二五日）。

犯罪被害者週間イベント

本日は、京都市文化市民局と公益社団法人京都犯罪被害者支援センターとの共催によります犯罪被害者週間イベント「社会全体で被害者を支えるために」と題する会を開催しましたところ、ご多忙の中、このように多くの皆様がご来場くださいまして、誠にありがとうございます。

犯罪被害者週間は、「犯罪被害者等基本法」の成立の日であります一二月一日、その前の一週間のことでありまして、この期間中に、集中的に啓発事業を行い、犯罪被害者が置かれている状況について、国民の理解を深めるために設けられたものでありまして、本日は、その一環としてイベントを実施しました。

ところで、京都犯罪被害者支援センターは、電話相談、面接相談、直接的支援などの業務を通じて、犯罪により被害を受けた方が抱える悩みの解決といった心のケアを支援し、併せて、社会全体が被害者を支える環境づくりに寄与するために、今から一七年前の一九九八年に設立した民間団体であります。

只今は、交通安全会館に事務所を置き、ボランティアである四三名の相談員の皆さん、六名の事務局員の皆さんで運営しておりまして、昨年二〇一四年度の事業の実績を紹介しますと、電話相談は六八一件、面接相談一三四件、裁判所の傍聴の付き添いなどの直接的支援は、実に、三一四件となっています。

また、社会全体で被害者を支えることができるように、例えば、ハートメールを年三回発行して、多くの方にお送りする啓発事業や、京都地方裁判所、拘置所、刑務所、京都府下の警察への講師派遣などを通じて、啓発活動に取り組んでいます。一方、社会全体で被害者を支えるためには、京都府下の市町村と連携することが必要です。当センターとしては、各自治体の犯罪被害者支援条例の制定に協力し、また、犯罪被害者支援の連携協力に関する協定の締結を進めているところです。

犯罪被害者の多くは、平常心を失い、悲しみや怒りを背負ったまま生き続けているのでありまして、憲法が保障している「幸せを求めて生きる権利」つまり「幸福追求権」を奪われてしまっているのです。私どもとしましては、「犯罪被害者が、被害を受けたときから、再び平穏な暮らしを取り戻すことができるようになるまで、必要な支援を途切れることなく受けることができるように」努めてまいる所存です。

ご来場の皆様におかれましても、皆様お一人おひとりが、被害者の置かれている状況をご理解くださり、社会全体での支援にご協力下さいますよう、お願いする次第でございます。本日は、ご来場、誠にありがとうございました（二〇〇六年一一月二六日）。

犯罪被害者の人権と刑余者の人権

我が国で犯罪被害者問題が本格的に取り組まれてきてから、かれこれ四〇年近くなりますが、一九八〇年になって、ようやく、「犯罪被害者等給付金の支給等に関する法律」が制定され、悲惨な生活を強いられていた犯罪被害者に対する経済的支援の制度が生まれました。この法律を契機として、犯罪被害者の救済ないし支援にかかる立法が相次いで実現し、遂に、二〇〇四年一二月、犯罪被害者支援にとってエポックを画する「犯罪被害者等基本法」が制定され、周知のように、現在その具体化が進行しています。

犯罪被害者問題がクローズ・アップされ、その救済または支援が実現しつつあるのは、それまで自覚されなかった「犯罪被害者の人権」が社会に受け入れられるようになったからだと考えます。そして、犯罪被害者は、殺人や強盗殺人、強姦などの凶悪重大犯罪によって人生を台無しにされ、人間としての尊厳、幸福追求権を奪われている。その人権を取り戻し、すこしでも人権の回復を図るのは国の責務ではないか。私は、これが犯罪被害者支援のフィロソフィーであると考えています。

犯罪被害者の人権に関連して、刑余者の人権が話題になっています。刑余者という言葉は、聞いたことがないという方が多いかと思いますが、「広辞苑」を開いてみますと、刑余者とは、かつて刑罰を受けたことのある人、前科のある人のことをいう、とあります。特に、懲役や禁錮の刑に処せられて、その刑期を終わった満期釈放者を指します。ちなみに、人権の観点から見ますと、刑期の三分の一経過後に仮に釈放される「仮釈放者」も刑余者と考えてよいでしょう。

刑余者の人権で最も深刻なのは、近隣や社会から受ける差別です。たしかに、罪を犯したのは本人なのですから、近隣や社会から白い目で見られるのはやむを得ないのかもしれません。しかし、既に刑務所で罪の償いをしているのですから、社会が「前科者」のレッテルを貼って差別するのは、人間としての尊厳を傷つけるものといってよいと思います。

その差別が、具体的な形として現れるのは、刑余者の就職あるいは就労の問題です。刑務所に入れられると、大半の人は職を失います。また、刑務所では作業をさせられますが、作業報奨金として受刑者が受け取るのは、一か月働いて三九〇〇円程度ですから、出所後の生活資金を得るためには、まず働くことが大切なのに、刑余者のうち二割以上の人が就労できないのです。その原因は、刑余者に対する就職差別です。

一方、刑余者が差別され、危険な人物と見られるのは、再犯の危険があるからだという人は数多い。たしかに、刑余者が再び罪に陥る例が多いのは事実です。しかし、最近の調査によりますと、刑余者の再犯率は、有職者が七・六パーセントなのに対し無職者は四〇・四パーセントでありまして、就労していれば罪を犯さずにすんだ人は多いのです。昨年に更生保護法が制定され、更生保護の強化、就労を含む刑余者の支援体制に大きな期待が寄せられているのですが、刑余者が円滑な社会復帰を果たすためには、国民や地域社会の理解と支援が何よりも大切だと思うのです。

犯罪被害者、特に殺人罪の遺族や強姦罪の被害者は、少し前までは社会から無視され、あるいは好奇の目で見られ、随分と悲しい思いをさせられてきたし、今も、本質的には変わらないかもしれません。そして、立場は逆でも、加害者としての刑余者も同じ思いをしているのです。社会の片隅に追いやられているこれらの人たちに、同志社人として温かい目を向けるべきではないかと思うのですが、いかがでしょうか（同志社共済一一八号）。

第3部　世界人権問題研究センター関係

世界人権問題研究センター　理事長就任に当たって

この度、世界人権問題研究センター理事会の選定により、当センターの理事長に就任しました大谷實でございます。一言、就任の挨拶を申し上げます。

当センターの初代理事長は、林屋辰三郎先生、二代目が上田正昭先生でありまして、私は三代目理事長ということになります。前理事長の上田先生は、改めて申すまでもなく、平安遷都千二百年記念事業推進協議会において、「二一世紀は人権文化の輝く世紀となるべきである」と力説され、当センターの設立に心血を注がれた、当センターの生みの親ともいうべき功労者です。

上田先生は、一九九七年副理事長、一九九七年六月から二〇一五年三月までの一八年間は理事長として、初めは田畑茂二郎所長、次いで安藤仁介所長とともに、卓越した指導力を発揮され、只今のようなアジア地域で初めての総合的な学術研究団体の構築に成功されました。

偉大な足跡を残された上田先生の後を受け継ぐ私は、如何にも力量不足であり、大任を全うできるか、大変不安でございます。ただ、幸いにも私は、一九九七年の人権擁護施策推進法に基づく人権擁護推進審議会の学識経験者委員として、五年にわたり審議に参加して人権問題に取り組んだ経験がり、学校法人同志社総長に就任した二〇〇一年からこの度の理事に就任するまで、当センターの評議員として運営に参加してまいりました。さらに、犯罪被害者の人権問題にも長い間関心を払ってまいりました。そうした経験を活かしながら、畏友・安藤仁介所長のお助けを仰ぎ、評議員会、理事会のご支援を頂戴しながら、当センター事業の発展に尽力したいと考えております。

さて、一九九四年の創立当初、当センターは、文部大臣から財団法人として認可された団体でしたが、二〇一二年からは、内閣府認定による公益財団法人に移行いたしました。参考までに法人の定款を見てみますと、第三条に、「この法人は、平安遷都一二〇〇年を記念して、京都の歴史と伝統、特に学術を初めとする文化を基礎に、人権問題について広く世界的視野に立った総合的な調査・研究を行い、この問題に関しての広範な学問分野での交流や国内、国外の研究機関及び研究者との連携、交流を促進し、もって国の内外にわたる人権問題に係る学術・研究の振興を図ることを目的とする」とあります。

この目的に即して、只今は、第一部「国際的人権保障体制の研究」、第二部「同和問題の研究」、第三部「定住外国人の人権問題の研究」、第四部「女性の人権問題の研究」、第五部「人権教育の理論と方法の研究」の五部門に分かれて、調査・研究が展開されております。部長、専任研究員、客員研究員および嘱託研究員約一〇〇人が調査・研究に取り組んでおり、多くの成果を挙げてこられました。

しかし、同和問題をはじめ、女性や定住外国人を巡る人権侵害が解消されていないばかりか、インターネットによる差別など、新たな人権問題が生まれつつあります。また、昨年発行された「世界人権問題研究センター　二〇年史」を拝見しますと、例えば、人権諸条約の効果的な実現を保障するための国際的な制度の構築（第一部）、民主化が進展した現代における差別意識の現状把握（第二部）、ヘイトスピーチなどについての新たな定住外国人問題の取り組み（第三部）、女性問題の歴史と現状の見直し（第四部）、生涯学習としての人権教育（第五部）などが、喫緊の課題として挙げられているところであります。

私は、理事長として、当面、現行の五部体制を維持しながら、調査・研究の一層の発展・充実を図りたいと願っています。当センターの研究業務の統括者である安藤所長の方針に従い、所長と研究部長で構成されます研究運営委員会の協議に基づき、研究部門の円滑な運営および人権大学等の人権啓発活動に努めてまいる所存でございます。

当センターが、国内はもとより、世界に人権文化を発信する拠点となることを念願して、努力する覚悟です。ご支援ご協力のほど、何卒、宜しくお願い申し上げます（グローブ八一号）。

上田正昭先生のご逝去

世界人権問題研究センター名誉理事長、京都大学名誉教授、勲二等瑞宝章受章の上田正昭先生は、去る三月一三日、ご逝去になられました。誠に残念であり、ここに改めて追悼の意を表します。

上田先生に初めてお目にかかりましたのは、二〇〇一年一一月、京都新聞大賞「文化芸術賞」選考委員会においてでありました。その後、当センターの評議員会等でご一緒する機会に恵まれ、二〇〇四年一二月には、同志社国際主義教育委員会主催の講演会において、「人権文化の創造~共生と命をめぐって~」と題するご講演を頂戴しました。「人権問題の根底には人間の命の尊厳があり、環境問題の核は自然の命の尊厳にある」とする内容のご講演は、学生に大きな感銘を与えるものでした。

私は、二〇一四年三月に、亀岡市の「生涯学習大賞『石田梅岩賞』」を受賞したのですが、その選考委員長が亀岡市名誉市民の上田先生でありました。表彰式において、先生ご自身が選考の経過を報告されたのですが、例によって、メモ等を一切使われないで、私の経歴を細かく述べられたうえに、「大谷先生は、犯罪被害者とその家族の人権擁護について、理論面のみならず実践面でも精力的に活動されました」と表彰の理由を申されたのです。私にとってはこの上ない光栄でありますとともに、その見事な言説はまさに驚きでありました。

忘れもしない二〇一四年九月一九日、ウエスティン都ホテルで開かれた「ソフィア　京都新聞文化会議の集い」に先生もご出席でしたので、挨拶を申し上げたところ、突然、「先生にお願いがあります」と仰しゃいまして、「私も間もなく米寿を迎え、歩行が困難になってきたので、理事長をお願いしたい」ということでした。即座にお断りしましたが、新しい人権問題の取組みが必要であり、是非受けて欲しいとのことでした。その後、ご依頼の肉筆のお手紙を頂戴しましたが、今は先生の遺言書と受け止め、新しい人権問題に取り組んでいる次第です。改めまして、先生のご冥福を心からお祈り申し上げます（グローブ八六号）。

人権問題の根底にあるもの

はじめに

本日は、京都懇談会主催の「人権セミナー」の講師としてお招きをいただき、ありがとうございます。特に、二〇回目という節目の「セミナー」で講演できますことは、大変光栄です。京都商工会議所の奥原専務理事および自由同和会京都府本部の上田会長のご配慮に感謝する次第です。

Ⅰ　三つの課題

本日は、「人権問題の根底にあるもの」というタイトルでお話しいたしますが、ご案内のように、医療や交通機関、コンピュータといった科学文明の飛躍的な進歩によりまして、社会環境は大きく変わりました。加えて、国内・国外のグローバル化に伴い、人権問題は多様化、複雑化しつつあります。最近目につきました例を見ますと、児童の人権、障害者の人権、高齢者の人権、マイノリティと人権、環境と人権、医療と人権、さらには、インターネットの登場で生まれた「忘れられる人権」といったように、これまでとかなり違ったものが、人権問題として検討されるようになりました。

そこで今日は、「新しい人権問題」にどう対応すればよいかということを念頭に置きながら、三つのことをお話しします。一つ目は、人権問題の出発点であります「人権とは何か」について話し、人権問題の根底にあるものとしての個人主義について考えてみます。二つ目は、憲法一三条が規定しています「幸福追求権」についてお話しします。私は、この「幸福追求権」を正しく理解することが、一人一人の人権尊重にとって最も大切であると考えています。三つ目は、新しい人権に対応するために二〇〇二年に国会に上程された「人権擁護法案」について考えてみることにしました。併せて、最近参議院に上程されたヘイトスピーチ規制に関連する「人種差別撤廃施策推進法案」について検討してみたいと思います。

Ⅱ　個人主義と人権

（1）人権とは

早速ですが、そもそも人権とは何かについて、触れておきたいと思います。日本国憲法一一条は、「国民は、すべて基本的人権の享有を妨げられない」としていますが、基本的人権は、一般に人権と略称されていますので、今日は、人権という用語で説明することにします。そこで、まず「人権とは何か」、難しく言いますと人権の定義についてですが、「人権とは、すべての人間が人間であるということに基づいて当然に有する権利である」と説明されるのが普通です。しかし、この定義によりますと、人権の根拠は、「人であること」「人間として生まれて来たこと」ということになりますが、もう一つ意味がはっきりしません。私は、人権問題を考える場合、常に、日本国憲法で定められている人権の規定を前提にすべきであると思っています。もちろん、人権の国際化は、大変重要でありますから、一九四八年に国連総会で採択されました「世界人権宣言」や国際人権規約といった条約を踏まえて考えることも大切です。

しかし、人権の保障として法律上効力を持ちますのは、日本国憲法なのですから、日本国憲法自体が定めている人権規定をはっきりさせておかなければなりません。そこで、日本国憲法一四条以下に定められている人権規定を見ますと、大きく分けて、平等権、自由権、参政権、社会権の四つに分けることができます。そして、それぞれの基本的人権は、例えば、平等権を定める憲法一四条のように、明文で詳細に規定されているのですが、問題は、先程紹介しました「環境と人権」とか「医療における人権」のように、その人権を保障する憲法上の明文の規定がない場合、どのように取り扱えばよいかであります。

(2) 憲法一三条と個人主義

私は、人権の根拠を、憲法一三条「すべて国民は、個人として尊重される」という規定に求めるべきだと考えています。「個人として尊重される」という文言は、極めて簡単ですが、そこには、日本の国の形を決める意味が込められていることを見逃してはなりません。「個人として尊重される」といいますのは、それまでの明治憲法、帝国憲法の下での全体主義、国家主義を根底から覆し、個人主義の原理を宣言したものだからです。

個人主義といいますのは、「人間社会の価値の根源は、具体的な個人一人一人にあり、国や社会は、何にも勝って、この一人一人の個人の生き方または幸せを最も大切に扱い、尊重しなければならない」という原則です。なお、ここで注意しなければならないことは、抽象的な人間とか「人」の尊重としないで、敢えて「個人の尊重」としている点です。「個人」は、『その人だけが持っている人柄』、『個性』を持った具体的な人間、つまりAさんやBさんという意味です。同志社の創立者・新島襄は、「諸君よ、人、一人は大切なり、一人は大切なり」と申しましたが、この言葉は、個人主義を最も端的に明らかにしたものだと思います。

この個人主義は、一方において、他人を犠牲にして自分の利益を図ろうとする利己主義に反対します。また、他方において、国や社会のために個人を犠牲にする全体主義を否定します。個人主義は、利己主義に通ずるので、余り使わない方がよいといった風潮があるようですが、個人主義と利己主義は、全く違うものであることを覚えておいていただきたい。

(3) 人権の基礎

この個人主義を前提にして、憲法一三条は、「生命、自由及び幸福追求に対する国民の権利については、公共の福祉に反しない限り、立法その他の国政の上で最大の尊重を必要とする」と定めました。太平洋戦争に敗れて二年後、一九四七年の五月三日に施行された日本国憲法は、それまでの全体主義・国家主義を真っ向から否定し、個人主義を高らかに宣言し、全体主義の下で許されなかった「すべての人が、自分自身の考えを持ち、自らの判断に従って幸福を求めて行動する」権利を宣言したのです。

この個人主義の宣言には、歴史的な背景があります。今から七〇年前に終わった、あの悲惨な太平洋戦争の原因の一つである、全体主義、国家主義を深刻に反省し、「政府の行為によって再び戦争の惨禍が起こることのないようにすることを決意し」（憲法前文）て、全体主義に基づく国や社会の在り方を一八〇度転換し、「すべて国民は個人として尊重される」としたのです。憲法一三条は、まさに、日本国憲法の最も重要な原則として、大きな期待をもって国民に迎えられたのでした。

個人を最大限尊重するという個人主義は、当然のことながら、基本的人権の尊重を要請します。また、そこから国民主権のほか、様々な民主主義的諸原理が生まれます。只今大きな政治問題となっていますす平和主義も、個人主義に由来するのでありまして、結論として、人権の根拠すなわち「人権の根底にあるもの」は、憲法が定める個人主義の原理であることを確認しておきたい。

ここのところ、安全保障関連法案との関係で、憲法改正への関心が高まっていますが、自由民主党は、憲法改正の準備作業として日本国憲法改正草案を公表しております。まだ確定するに至っていませんので、今後どうなるか分かりませんが、三年前の二〇一二年四月二七日付で発表された案では、「個人の尊重」という文言を修正して、「人の尊重」としています。起草委員会の説明によりますと、「個人の尊重」という規定は、「個人主義を助長してきた嫌いがあるので改める」というものでした。個人主義は、自己中心主義、利己主義に通ずるという意味から、「個人」という言葉を外したというのです。しかし、私は、憲法ではっきり否定した全体主義への道に通ずる虞があり、適当ではないと考えています。

もう少し付け加えておきますと、私は、憲法一三条の「個人の尊重」という文言の意味は、一人一人の個人が、人間として持っているその人固有の人格や行動を、侵すべからざるものとして、最大限に大切にしなければならないという原則だと考えています。要するに、「一人一人の個人には、それぞれ《分けることのできない》その人だけが持っている個性があり、その一人一人の個性を侵しがたいものとして最大限大切に扱う」、これこそが「個人の尊重」であると考えて欲しいのです。

（4）個人の尊重と人間の尊厳

もう一つ気になることがあります。近年、代理母などの生殖医療や安楽死、尊厳死などの終末期医療との関連で、「個人の尊重」を「人間の尊厳」に置き換えるべきだという考え方が注目されているということです。憲法一三条は「個人の尊重」を規定していますが、憲法二四条は、「配偶者の選択、……その他の事項に関しては、法律は、個人の尊厳と両性の本質的平等に立脚して、制定されなければならない」と規定していまして、「個人の尊厳」という文言を使っています。「個人の尊重」と「個人の尊厳」は、いずれも個人主義を表わすものとして同じ意味であるというのが従来の学者の意見です。「尊重」というのは、「尊いものとして大切に扱う」という意味なのに対し、尊厳は、「尊くおごそかで侵しがたい」という意味ですから、若干キリスト教的・宗教的な意味を含んでいるようにも思います。そこで、尊厳という場合は、具体的な個人の問題ではなく、およそ人間として持っている性質、つまり人間性に由来するものであって、尊厳の対象は生きた個人ではなく、抽象的な人類の一員として持っている人間性だというのです。世界人権宣言でも「人間の尊厳」という文言が使われていますが、人間性の尊重と憲法のいう「個人の尊重」とは、少し意味が違うと思うのです。

以上、人権問題の根底にあるものは個人主義であることを明らかにしました。

Ⅲ　幸福追求権

(1)　犯罪被害者の人権

ところで、個人主義は、「何にも勝って個人を大切にする」原理でありますから、憲法は、そのことを明らかにするために、一四条以下において明文で詳細な人権規定を置いているのですが、それらの人権規定は、例えば、一八条の「奴隷的拘束および苦役からの自由」のように、これまでの歴史において、権力によって侵害されてきた重要な権利を取り上げて憲法で規定したものでありまして、すべての人権を網羅的に取り上げたものではありません。そこで、憲法一三条では、個々の人権規定の前に、「幸福追求に対する国民の権利」を敢えて規定しまして、明文で規定されていない場合でも、幸福追求権を基に人権として擁護することを明らかにしました。つまり、本来人権規定として取り上げるべきであった利益や、社会の変革に伴って新たに保護すべき利益が浮上した場合、新しい人権として憲法上保障する必要があります。その根拠となる規定が憲法一三条の幸福追求権なのです。

この問題に関連して、私のライフワークの一つである「犯罪被害者の支援」について、参考までにお話しします。犯罪被害者の支援は、一九六〇年代にイギリスを中心として制度化されたものですが、私がこの問題に取り組み始めたのは、今から四五年前の一九七〇年ころでした。そのころは、例えば、通り魔事件で、一家の大黒柱が殺されましても、奥さんや子供さんたちは、何の救済も受けることができず、生活保護に頼らざるを得ませんでした。傷害事件で寝たきりになっている被害者、強姦で人生を台無しにされてしまったお嬢さんなど、実に、悲惨の一語に尽きる犯罪被害者やその遺族が沢山いました。それまでは、刑法学者は犯罪者や被疑者、被告人といった「犯人サイドの研究」しかしていませんでしたが、私は、犯罪被害者の救済を呼びかけ、「犯罪被害者サイド」の研究を進めて論文や著書を発表しました。

しかし、刑法学者ばかりでなく政府や世間にも容易に理解してもらえませんでした。そこで、「犯罪被害者補償制度を促進する会」を立ち上げて市民運動を展開し、メディアを通じて世間にアピールし、また、法務省にも何度か足を運びましたが、犯罪被害者等の救済制度の創設は、容易に進みませんでした。

そこで、私は、「犯罪被害者の人権」という観点から理論武装を開始しました。「犯罪被害者の人権」という考え方は、おそらく私が初めて言い出したことですが、しかし、憲法学者からは厳しく批判されました。例えば、先程指摘した憲法三六条が規定している「拷問および残虐な刑罰の禁止」のように、「被疑者、被告人の人権を定めている規定は憲法に沢山あるけれども、犯罪被害者の人権については、憲法上の規定は全くないという訳です。

かくして、たどり着きましたのが、「幸福追求権」でした。犯罪被害者やその遺族は、「幸せになれる権利」つまり幸福追求権が侵害されているのだから、「国や社会は、犯罪被害者が幸せになれるような対策を講じなければならない」と提言したのです。明確な人権規定がなくても、幸福追求権を根拠に犯罪被害者の権利を人権として認めることができるという考え方です。その後、市民運動を始めてから丁度一〇年経過した一九八〇年に、犯罪被害給付制度が誕生し、二〇〇四年には、「犯罪被害者等基本法」が制定されました。「犯罪被害者等は、個人の尊厳が重んぜられ、その尊厳に相応しい処遇が保障される」ことになったのです。

(2) 人権の理念としての幸福追求権

この辺で、本題に戻します。何回も申し上げて恐縮ですが、個人主義は、「何にも勝って個人を大切にする」という原則なのですから、そのためには、人間だれしも持っている根源的な欲求つまり幸福の追求を、最大限尊重する必要があります。かくして、人権とは、幸福追求権のことであり、幸福追求権は、明文の基本的人権と明文化されていない不文の基本的人権を包括するものというべきなのです。幸福追求権は、包括的基本的人権といわれるゆえんです。幸福追求権は、あらゆる人権を包括したものであり、また、人権の理念であると言っても良いと思います。つまり、幸福追求権は、憲法上明文で規定されていない場合があり、只今のところ裁判所はプライバシーの権利を認めているにすぎませんが、先程の犯罪被害者（犯罪被害者等基本法）や障害者の人権（障害者基本法）などは、法律で認められていますし、文部科学省は、教育行政上、性的少数者の人権を認めているところです。

（3）幸福論　幸福追求の話が出てきましたので、少し、角度を変えて、いわゆる「幸福論」の話を致します。皆さんも岩波文庫の「眠られぬ夜のために」や「幸福論」の著者としてご存知かと思いますが、スイスの聖人といわれたカール・ヒルティは、「古来、生きとし生けるものは、すべて幸福を求めて生きる」のであり、「哲学的見地からは、あるいは勝手に反対することもできようが、しかし、人が意識に目覚めた最初の時からその終わりに至るまで、最も熱心に追求して止まないものは、実にただ幸福の感情である」と書いています。

このように、「幸福でありたい」「ハッピーでありたい」という願いは、誰しも持っている本能ですし、先程、私が幸福は人間の根源的な願いであると申しましたのも、そこに理由があります。しかし、「幸福とは何か」そして、「本当の幸福はあるのか」ということになりますと、ヒルティが指摘していますように、多くの懐疑論者がいることは、皆さんご存知の通りです。

例えば、ドイツの詩人カール・ブッセは、「山のあなたの空遠く、幸い住むと人のいう」と謳いました。また、ベルギーの劇作家メーテルリンクの例の「青い鳥」は、クリスマス・イヴに、チルチルとミチルの兄妹が、夢の中で、幸せの使いである「青い鳥」を求め、思い出の国、未来の国を回って捜したのですが、どこへ行っても幸せの青い鳥は見つからなかった。ところが目が覚めてみると、枕元の鳥かごの中に青い鳥がとまっていた、というものです。カール・ブッセとメーテルリンク、どちらも、幸福を追求しても見つかるものではないということを諭したのだと思います。

しかし、ヒルティは、「幸福は、あらゆる学問、努力、あらゆる国家的活動の究極の基礎であり、幸福こそは、実に人間生活の目標であり、また、国家社会の究極の目標」であると説き、自分にとっての「幸福とは、神の国を目指して、勇気をもって、断固、神と共に歩むことである」と断言しています。

ヒルティの幸福論は、キリスト教を土台としたもので、余り参考にならないかもしれませんが、ここで大切なことは、ヒルティが「幸福は存在し、手に入れることはできる」と断言している点であります。そして、私たちも、日常の生活で「幸福」を感ずるのはしばしばでありますから、懐疑論に振り回される必要はないと思います。

(4) 幸福の追求　ヒルティは、「生きとし生けるものは、すべて幸福を求めて生きる」と言いましたが、誰もが共通に持っている根源的な欲求・願望は、様々なこの世の束縛から解放されて、自由に、自主的に幸福を求めて人生を歩みたいということではないかと思います。

そこで、しばらく、私が考えている「幸福追求権」について、話してみたいと思います。太平洋戦争が終わった後、私たちの社会は、個人主義の社会であると考えられてきました。劇作家の倉本聰氏は、一九四六年の新しい憲法が制定された当時、日本人の多くは、自由主義、民主主義、平和主義を軸とした新しい国をつくることを夢見て、国民一人一人が国の主として、自治自立の精神で、自ら尊厳をもって生きるという主体的な人生を歩み、歴史の主人公になろうとしたことは疑いない」と書いています。しかし、過去七〇年間、私たちは、自分自身の考えを持ち、自らの判断で幸福を追求してきたかというと、疑問とせざるを得ないように思います。私たち日本人は、勤勉であり、努力して国を復興し、繁栄させてきましたけれども、本来の意味での個人主義は、国民一人一人に根付いてこなかったし、血となり、肉とならなかったように思うのです。

私は、人間の営み、努力は、突きつめて考えてみますと、幸福、幸せのためにあり、幸福でありたいために、自分の可能性を信じて歩み続けなければならないと考えています。そうだとしますと、何に向かって努力すべきか、目標となる幸福とは何かが、大変重要となります。自分を大切にし、幸福を追求していくためには、まず、自分にとって何が幸福なのかを、自分から考えて追求していかなければならないのは当然です。幸せを求めて頑張ってきた結果、それが空しいものだとしましたら、何のための人生であったか、分からなくなってしまいます。そうだとしますと、大切なことは、何が本当の意味での幸福か、どういう人生の目的をもって生きるかということであり、このことを一人一人が、自分のこととして自覚する必要があると思います。

なぜ、個人は尊重されなければならないのか、どういう目的をもって人生行路を歩んでいくべきかという自覚がないところに、本当の意味での個人主義は育たないと思います。一人一人の固有の価値観、妥協を許さない人生の生き方、「自分の人生にとってなくてかなわぬもの」を求め、それを守り抜くといった、確固不抜の人生であって、初めて、幸福追求権の保障を国に求め、また、お互いの生き方を尊重し合う、「人権文化」が生まれるのだと思います。お題目にとどまる個人主義や幸福追求権であってはならないのです。

以上、縷々述べてまいりましたが、本当の意味での人権擁護を確立するためには、幸福追求権を自覚し、一人一人が自らの幸福追求に取り組むべきである。日本の憲法はそれを人権として保障しているというのが、ここまでの一応の結論です。

(5) 人生の目的

そこで、問題は、「追求すべき幸福とは、何か」にあります。何を幸福と考えるかは、人によって違うのが当たり前ですが、しかし、何が自分にとって幸せな人生であり、ハッピーであるかということになりますと、はっきりとした答えを持っておられる方は少ない。これが正直なところではないでしょうか。

そういう意味では、やはり「人生の目的」を持つことが必要ではないか。どんな境遇にあっても、年老いて最後の時を迎えようとしている時でも、なお、希望をもって生きられる。そういう人生の目的を持つことが大切かと思います。どのような社会になっても、また、どんな人生の悲劇に遭遇しても、たくましく生き抜くことができる人生の目的または目標、あるいは価値観を築くことが、幸福追求にとって肝心だと思います。それが何であるかは、皆さんの教養、理性の力で追求するほかありませんが、その答えの一つとして、「青年よ、大志を抱け」で有名なクラーク博士の言葉を紹介したいと思います。

クラーク博士は、「青年よ、大志を抱け」という言葉で有名となっていますが、その言葉だけが独り歩きしているように思います。彼にとって大切だったのは、それに続く次の言葉です。「青年よ、大志を抱け。それはお金や欲のためではなく、また、人が名声と呼ぶあの空しいもののためであってはならない。人間として当然備えていなければならない人格の完成のために大志を抱け」と激励したのでした。クラーク博士は、人間としてなさなければならない「大事業」をやり抜くという大志を抱けと言ったのです。

私は、本当の幸せ、幸福に至る道は、このような大事業を目的としての毎日の営み、それが本当の意味での幸福な生き方だと思っています。その大事業は、もちろん人格の完成でなくて、事業や仕事を自分が納得できるところまで頑張るといった生き方であっても良いわけです。しばしば使われる「自己実現」、すなわち、自分の中に潜んでいる可能性を自分で見つけ、それをやり抜くといった生き方が肝心だと思います。

Ⅲ　人権問題解決の方向

(1) 人権問題の多様性

これまで、人権問題の根底にあるものとして、個人主義と幸福追求権について、日頃考えていることを申しましたが、一口に人権問題といいましても、その中身はいろいろです。まず、人権侵害の最たるものは犯罪です。生命、身体、自由、名誉、財産を侵害すれば、幸福になることを妨害するわけですから、刑法は、殺人罪、傷害罪、脅迫罪、名誉毀損罪などで処罰し、人権擁護を図るわけです。ここでは、人権問題としてよりも刑事事件として、最終的には刑事裁判所が処理することになります。

問題となりますのは、人種、信条、性別などを理由に不当な差別的取り扱いや言動をした場合、あるいは、嫌がらせ、虐待、プライバシーの侵害といった、犯罪に至らない人権侵害にあります。それが人権侵害である以上、それを防止し、救済する措置を講ずる必要があることはもちろんです。しかし、人権侵害に当たるかどうかがハッキリしない場合、人権救済の要請に応えることはできません。

(2) 人権擁護委員制度

こうした要請に応えるための制度が、人権擁護委員の制度でありまして、憲法で保障された基本的人権を擁護し、自由人権思想の普及と高揚を図るために、一九四九年に「人権擁護委員法」が制定され、今日に至っています。以来、六六年間、人権擁護委員制度が維持されてきた訳ですが、現在、人権擁護委員は、市町村長が推薦し、法務大臣が委嘱することになっていまして、全国で約一万四〇〇〇人の委員が、ボランティアとして人権擁護活動を展開しております。最近の活動の実績を見ますと、人権擁護委員が人権侵犯事件に関与した数は、一万四〇〇〇件、人権相談事件取扱数は実に一六万件だと報告されています。一般には余り知られていませんが、随分と沢山の事件処理が行われているのです。毎年、六月一日、人権擁護委員法の施行を記念して、全国一斉に特設人権相談所を開設し、成果を挙げています。

こうしてみますと、人権擁護委員制度は現在も有効に機能していると言ってよいと思いますが、しかし、このままでは、今日の人権問題を解決するのには不十分だとして、改革運動が起こりましたのが、一連の「人権擁護法」制定の動きであります。

その背景には、二つ事情がありまして、一つは、今日でも至る所で様々な形での人権侵害が繰り返されており、被害者に対して有効な救済を図ることができていないこと。もう一つは、社会の国際化、高齢化、情報化の進展に伴って、「新しい人権」に関わる紛争が生まれてきている。そこで、人権擁護委員制度を抜本的に改めることを目的として、一九九六年一二月に「人権擁護施策推進法」という法律が制定されました。この法律は五年間の時限立法ということで二〇〇二年に廃止されたのですが、この法律に基づきまして、一九九七年三月に人権擁護推進審議会が発足しました。定員二〇名で、五年間にわたり六五回の審議会が開かれ、私も委員として出席しましたが、誠に熱意溢れる審議でした。

塩野宏東京大学名誉教授が会長でしたが、昨年事故でお亡くなりになった貝原兵庫県知事、また、同志社大学出身で、当時オムロン株式会社会長であった立石信雄氏、それに安藤世界人権問題研究センター所長といった錚錚たる方々が委員として参加されていました。そして、この人権擁護推進審議会は、二〇〇一年に新しい人権救済制度を作ることを柱とする答申を作成したのです。

(3) 人権擁護法案　二〇〇二年、その答申に基づきまして、小泉内閣は、八八か条に及ぶ人権擁護法案を国会に提出しました。法案の要点だけを紹介してみますと、不当な差別、虐待その他の人権侵害をしてはならないことを明らかにしたうえで、人権侵害によって発生した被害を迅速・適正に救済し、人権侵害を効果的に予防するため、人権擁護に関する事務を総合的に取り扱う機関として、新たに法務省に人権委員会を設置することにしました。四名を委員とする人権委員会は、法務省の外局として設置し、委員は、両議院の同意を得て、内閣総理大臣が任命することとしました。そして、現在の人権擁護委員制度は残し、法務大臣ではなく人権委員会が人権問題の専門家を委員として選任することにしています。こうして、人権委員会が中心となって、あらゆる人権侵害を対象として、調査および指導、当事者間の調整、関係機関への通告や告発といった救済を行う一方、不当な差別、虐待等の重い人権侵害については、人権委員会が当事者間の調停または仲裁を行い、勧告、公表および訴訟援助を行うこととしました。

この案については、①人権委員会を法務省の中に設置することは手続きの中立性を損なうこと、②新聞等のメディアによる犯罪被害者に対する人権侵害を救済の対象としたことなどから、与野党間で批判が相次ぎました。ちなみに、審議会の席上、犯罪被害者に対する取材で人権侵害をした場合の救済措置を提案したのは、実をいいますと私です。

当時、殺人等の重大犯罪について、遺族等の犯罪被害者に対して、本人が拒んでいるにかかわらず、待ち伏せし、住居や勤務先に押しかけるといった人権侵害が実態として存在していました。犯罪被害者支援という観点から、こうした人権侵害を放置することは許されないので、メディアの行為に対して勧告・公表といった重い措置を講ずるべきだという提案をした訳です。この提案に対しては、取材は報道の自由として認められるべきであって、勧告や公表を認めることは、表現の自由の侵害として憲法違反だという反対論が有力に展開されました。法案では、その点を考慮して、「報道機関等の報告または取材の自由その他の表現の自由の保障に十分に配慮する」こととされました。しかし、表現の自由や人権委委員会の中立性の問題等がネックとなりまして、容易に審議が進みませんでした。

私は、五年もかかった審議を基にした法案でありますから、今日の人権問題の処理に十分に堪えられる法案であり、すぐにでも成立するものと確信していましたが、二〇〇三年に審議未了のまま衆議院の解散で廃案となってしまいました。その後、民主党は、「人権侵害による被害の救済および予防に関する法律案」を国会に提出し、また、自民党にも法案再提出の動きがありましたが、現在、人権擁護法案に類する法案を提出する動きは見られないようです。

私は、人権擁護法案は、人権擁護機関である人権委員会を新しく作ることによって、環境と人権といった新しい人権問題に対応できると考えて、現在も基本的にはその法案の成立を期待していますが、ただ、法案に盛り込まれた、「犯罪被害者等に対する報道・取材における人権侵害について特別の救済措置をとることができる」という規定は、削除しても良いのではないかと思っています。結論として、政府・与党は、もう一度人権問題に光を当て、メディア規制の条項を削除して、二〇〇二年の人権擁護法案を再提出すべきだと考えています。

（4）ヘイトスピーチの規制

さて、只今も申しましたように、人権擁護法案を巡る論点の一つは表現の自由にありましたが、先日参議員で審議入りしたヘイトスピーチ規制に係る法案も、同じ問題を抱えています。ご存知かと思いますが、前世紀末頃から、京都の朝鮮人学校を対象として、学校の門前で、「在日特権を許さない市民の会」（＝在特会）という団体が、「朝鮮やくざ」「ゴキブリ、うじ虫、朝鮮半島へ帰れ」などと言って、拡声器を用いながら怒号を浴びせるといった示威活動を行い、その映像をインターネット上で公開したという事件が発生しました。いわゆるヘイトスピーチ・憎悪表現を展開し、裁判となったのです。学校側は、学校の業務を妨害し、名誉を毀損する行為であるとして、損害賠償等を請求したのに対しまして、在特会の方は、一連の示威活動は表現の自由の一環であり、何ら違法ではないと主張して争ったのです。

昨年一二月に最高裁判所は、ヘイトスピーチは人種差別に当たり、違法であるとしまして、在特会に対し、一二〇〇万円の損害賠償と示威活動の差し止めを認めました。ちなみに、ヘイトスピーチに関しましては、①これを犯罪として処罰すべきだという意見、②民事事件で最高裁が違法としたのであるから、被害者は損害賠償を求めて争えばよいという意見、さらに、③表現の自由の保障に例外を認めるべきではないから、現行の刑法の枠内で対処すれば十分であるといった意見が対立してきました。

こうした中、先ほど触れましたヘイトスピーチ規制のための法案、「人種差別撤廃施策推進法案」が参議院に提出されまして、審議が始まりました。八月一九日に与野党四党の協議が始まったようです。法案は、人種や肌の色、民族を理由とする差別的言動を禁じるといった基本原則のほか、国や自治体には差別防止策を作り、それを実践する義務があることを定めています。

私は、最高裁判所が認めた損害賠償を中心とする民事規制では不十分であると考えていますが、罰則を設けて抑止するといった刑事上の規制は、憲法の表現の自由にかかわるものとして、なかなか世論の支持を得られないと思います。もっとも、アメリカは別として、イギリス、ドイツ、フランスなどは、ヘイトスピーチを犯罪として処罰しているのですから、刑事上の規制も、ありえないわけではないと考えています。

それはそれとして、今回のヘイトスピーチ規制案も、時間や費用がかかる裁判所による救済を避けて、国や自治体の責務によって差別を防止しようとするもので、一歩前進したものと評価できます。ただ、折角、新しい法律を作るのですから、不当な差別だけでなく、新しい人権問題を包括した人権擁護法を立法すべきであり、その意味でも、先程の人権擁護法案の再提出を訴えたいと思います。

今日は、人権問題の根底にあるものは個人主義にあるということを前提に、幸福追求権こそが人権の具体的な内容であるということをお話ししました。そして、最後に、人権擁護体制の整備という観点から、近年の新しい動向を概観してみました。

ご案内のように、二一世紀は人権の時代といわれています。どうか。本日ご参集の皆様におかれましても、個人主義を踏まえた、「やさしさ溢れる人権文化の息づく京都」を目指して、お一人お一人がご尽力されますことをご期待申し上げ、結びとします（同志社法学六七巻八号）。

新しい人権問題と犯罪被害者

憲法は、一三条前段で個人主義の原理を明らかにしたうえで、後段で、「生命、自由及び幸福追求に対する国民の権利」を基本的人権とする旨を定め、一四条以下で具体的な人権規定を列挙しました。その意味で、人権とは幸福を求めて生きる権利つまり幸福追求権であると定義することができます。なお、一三条では「生命、自由及び幸福追求に対する国民の権利」と並列的に規定されていますから、「生命、自由」は幸福追求権とは別のものとも思われますが、生命および自由なしには幸福追求権は成り立ちえませんから、幸福追求権の基礎となる権利と考えるべきでしょう。

かくして、人権とは、幸福の追求または幸福に生きて行くための権利でありますが、それだけではあまりに漠然としていて、具体的な利益・権利を確定することができません。幸福追求権を支えているものは、「個人が人間らしく生きて行くうえで不可欠な利益・権利」であるから、これこそ幸福追求権ないし幸福を求めて生きる権利の中身であると考えてみました。近年、新しい人権問題として取り上げられているものは十指に余りますが、ここでは、犯罪被害者の人権問題を考えてみます。

私たちは、誰でも幸福を求めて生きる権利を憲法で保障されています。しかし、ある日突然、犯罪によって幸福に生きる権利を奪われてしまうことがあります。例えば、一家の働き手が殺人犯に殺されてしまったような場合、殺された本人が被害者であることは勿論ですが、その家族や遺族も経済的に大きな影響を受けるばかりでなく、精神的にも計り知れない打撃を被ります。そこで、被害者問題を扱うときは、被害者本人だけでなくその家族や遺族を含めるという趣旨で「犯罪被害者等」という用語が使われます。

犯罪被害者等は、犯罪の種類や被害の程度にもよりますが、多くの場合、犯罪に遭ったことによる精神的ショック、犯人に対する怒りや報復心、近隣の人たちの好奇心、中傷などにより、平穏な生活を害され、生活の破綻につながることも稀ではありません。性犯罪のために、一生を台無しにされる女性も数多いのです。

その結果、犯罪被害者等の多くの方は、幸福を求めて生きる権利を奪われていると言ってよいのですが、かつては、犯罪被害者に人権はあるのかといった主張が有力でした。私は、一九七〇年頃から、犯罪被害者の人権を根拠にして、被害者等の救済制度の必要性を訴えて市民運動を展開してきたのですが、憲法に被害者の人権規定はないといった理由から、国を動かすことができませんでした。しかし、一九七四年に東アジア反日武装戦線による無差別爆弾テロ事件（いわゆる三菱重工ビル爆破事件）が発生し、死者八人、負傷者三七六人の犠牲者が出ましたが、その人たちを救済するのは誰かが問題となりました。

この事件がきっかけとなって、犯罪被害者の救済が本格的に論じられようになりました。その結果、私が救済運動を始めてから一〇年目の一九八〇年に、犯罪被害者等給付金支給法が施行され、国が被害者や遺族に給付金を支給する犯罪被害者給付制度が発足し、犯罪被害者等に対する経済的支援が始まったのです。しかし、その法律でも犯罪被害者の人権が認められたわけではなく、国の恩恵としての給付金の支給が認められたにすぎませんでした。

その後、犯罪被害者の方々が直面している状況や犯罪被害者の団体からの要望を踏まえ、二〇〇四年一二月八日に犯罪被害者等基本法が成立し、犯罪被害者の人権が法律によって認められることになりました。同法は、犯罪被害者の施策に関して、その基本理念を定め、国や地方公共団体、国民の責務を明らかにするとともに、犯罪被害者の人たちのための施策を総合的かつ計画的に進め、その権利利益の保護を図ることを目的に制定されました。そして、その三条は、「すべて犯罪被害者等は、個人の尊厳が重んじられ、その尊厳にふさわしい処遇を保障される権利を有する」と定め、わが国の法律で初めて犯罪被害者等の人権が明文化されたのです。

先にも述べましたが、犯罪被害者の人々は、様々な経済的・精神的な困難に直面し、被害を受ける前の平穏な生活を害され、幸福を求めて生きる力を失っている場合が多いのです。そこで法律では、被害者等が「被害を受けたときから再び平穏な生活を営むことができるようになるまでの間、必要な支援を受けることができるよう、講ぜられるものとする」（三条三項）と規定しました。

この規定に基づきまして、国は、重点課題を設けて、犯罪被害者等基本計画を策定し、着実に実施しているところです。犯罪被害者等基本法は、犯罪被害者の人たちの支援として画期的なものですが、新しい人権問題への対応としても、幸福追求権を根拠にした法律のモデルとして注目に値します（グローブ八四号）。

新しい人権問題とターミナルケア

前回は、犯罪被害者等の人権を取り上げて、憲法上の明文の規定がなくても、法律を通じて基本的人権を保障すべきであるとしましたが、今回は、同じく幸福追求権の保障が問題となっている終末期医療の人権について考えてみたいと思います。

終末期医療（ターミナルケア）とは、回復の見込みが全くなく、死期が迫っている患者に対して、生命を維持するために行う治療をいいます。生命維持治療の長足の進歩によりまして、輸血、高カロリー輸液、心臓マッサージ、人工呼吸などの延命措置が開発され、従来であれば当然に死亡したような患者の生命を引き延ばすことが現実に可能になってきたのです。そこで、生命を引き延ばすためだけの治療は患者の利益になっているか、むしろ患者を苦しめ、その人間としての尊厳を害する結果になっているのであり、そのような場合には、初めから治療しないか（不開始）、実施している治療を取りやめても（中止）、患者の人権という観点から許されるのではないかが問題となってきました。

死期が迫っている患者もまだ生きているのですから、初めから治療せず、また、今やっている治療を止めてしまうと、当然にその患者は息を引き取ってしまいますから、人を殺す罪つまり殺人罪になるのではないか。医師が人工呼吸器を着けて治療すれば当面生命は助かる場合、それを敢えてやらないで死なせてしまえば殺人罪となりますし、高カロリーの輸液で生命を維持している患者は、医師がその輸液をやめてしまえば確実に死んでしまうのですから、首を絞めて窒息させる場合と変わりません。

そこで、どのような動機であれ、生きている人の生命を短縮すれば殺人になるという考え方は、医療現場では今でも有力です。しかし、患者本人に意識があって、終末期に生命維持治療を拒否して死んでしまった場合は、まさしく幸福追求権から導き出される自己決定権の行使として適法になります。逆に、治療を拒否しない患者については、医師は、その患者を治療する義務がありますから、それを怠れば殺人罪になるというのが裁判所の考え方です。

それでは、患者が末期状態に陥った場合を想定して、あらかじめ治療を拒否する意思を書面にしておいた場合はどうなるでしょうか。これがリビング・ウイル（living will――生きている間に効力を発揮する遺言）の問題であり、「事前の意思表示」と訳するのが適当です。この事前の意思表示については、法律専門家の間で様々な議論が行われていますが、アメリカでは、今から四〇年前の一九七六年に、自然死法（the natural death act）という法律によって、事前の意思表示を有効として、生命維持治療の不開始・中止を適法としました。一九八五年には統一終末期患者権利法が制定され、今ではアメリカ全州で自然死法が使われています。

終末期医療における生命維持治療の不開始・中止について、これを人権問題として考えてみましょう。終末期におけるリビング・ウイルは、医療におけるインフォームド・コンセントを背景としています。インフォームド・コンセントとは、「十分な説明をしたうえでの相手方の同意」という意味であり、わが国では「説明と同意」とか同意原則と呼ばれているものですが、この原則は、幸福追求権に基づく自己決定権の思想に立脚して、人間は、自分の価値観や人生観に基づいて治療を受けるか否かを決定する権利があるという考え方を基礎とするものです。

この原則に基づいて、患者には医療を受け入れまたは拒否する権利があるとすれば、意識がなくなる前に作っておいたリビング・ウイルを有効とするのは、その患者の幸福追求権を保障するために当然ではないかと考えるのです。その意味で、アメリカの自然死法は、我が国の解決に、大変有力な手がかりになると思います。かつて裁判所は、「終末期の医療の在り方を抜本的に解決するためには、法律の制定ないしこれに代わりうるガイドラインの策定が必要である」と述べたことがありますが、人命にかかわる問題の解決を裁判所に委ねるのは適当でなく、アメリカに倣って、立法的な解決を急ぐべきだと思います（グローブ八五号）。

人権センターへのご寄附のお願い

○○株式会社
代表取締役社長○○○様

謹啓

春の気配を感ずるこの頃、益々、ご清栄のこととお慶び申し上げます。突然、書状を差し上げる非礼をお許しください。

ご繁忙のところ誠に申し訳なく存じますが、「公益財団法人世界人権問題研究センター」に関しましてお願いしたく、一文を差し上げる次第でございます。

ご案内のように、世界人権問題研究センターは、一九九四年に平安建都一二〇〇年を記念して、京都府、京都市、京都商工会議所からの出捐金を基に、人権文化の輝く京都を目指すアジア初の人権問題の研究機関として、当時の文部省の認可により設立され、一昨年、創立二〇周年記念行事が執り行われました。その際、当時の上田正昭理事長からの強いご要請があり、昨年四月から私が三代目の理事長に就任することになった次第でございます。

学校法人同志社総長の任期があと一年余り残っており、また、京都犯罪被害者支援センター理事長の仕事があるなど、いささか過労気味ではありますが、「人権文化の輝く二一世紀」を目指して創立された当センターは、極めて貴重であり、京都に人権文化を根付かせるために、一層の充実・発展を期して職務に邁進しているところでございます。

現在、世界人権問題研究センターにおきましては、①国際的人権保障体制の研究、②同和問題の研究、③定住外国人の人権問題の研究、④女性の人権問題の研究、⑤人権教育の理論と方法の研究、以上の五部門で構成されておりまして、専任研究員、客員研究員、嘱託研究員併せて約九〇名の者が研究に従事しています。

しかし、一見してお分かりのように、社会体制において最も重要な地位を占める「企業」における人権問題が研究部門に入っておりません。企業活動無くして社会生活は成り立たず、人権問題の解決についても企業の内外における取組みの影響と効果は、計り知れないものがあると考えております。さらに、企業における人権問題の取組みは、単に企業の社会的責任（ＣＳＲ）であるにとどまらず、企業の競争優位に資する投資としても考えられる時代となってまいりました。

新しく理事長に就任した小生としましては、このような状況を踏まえ、当センターにおいても、企業をめぐる人権問題を体系的・組織的に研究し、その成果を社会に還元することの意義は大きいと考え、「企業と人権」の研究部門を平成二八年度から新設すべく発案し、企画しているところでございます。研究の「要」となる研究第六部部長としては、一昨年まで京都府労働委員会の会長であられた京都大学名誉教授　西村健一郎氏をお迎えする予定でございます。

つきましては、一つの部門を新設するためには、ある程度まとまった資金が必要になります。これまで、京都府と京都市の補助金を受けながら運営してまいりましたが、昨今の両自治体の財政状況では、補助金の増額は不可能であります。

このような事情から、京都における文化的事業に造詣の深い村田機械株式会社の村田純一会長にご指導、ご支援をお願いしましたところ、私どもの趣旨にご賛同いただき、資金面でのご支援をいただくとともに、京都を代表する企業の皆様にも広く声をお掛けするようにとのご助言をいただきました。さらに、京都商工会議所の立石会頭からも、その旨のご理解を頂戴しました。なお、ご賛同くださる企業の皆様とは、研究テーマ等についての意見交換の機会を設け、研究内容に反映させる所存です。

誠に厚かましいお願いで恐縮でございますが、貴社におかれましても、当センターの「企業と人権」研究部創設の趣旨にご賛同いただき、今後の研究をお支え下さいますよう、何卒、宜しくお願い申し上げます。

謹白

公益財団法人世界人権問題研究センター理事長
学校法人同志社総長
大谷　實

第4部　雑事

テュービンゲン大学同志社日本研究センター二〇周年

この度、テュービンゲン大学同志社日本研究センターが、二〇周年をお迎えになられ、誠におめでとうございます。このように盛大な記念レセプションが開催されましたことを、お慶び申し上げます。また、お招きいただきまして、有難うございます。センター所長以下、関係者の皆様のご尽力に対しまして、改めて、心からの敬意を表します。

テュービンゲン大学同志社日本研究センターは、一九九三年一〇月、ドイツ及びヨーロッパの大学付属施設として、日本で初めて、同志社大学今出川キャンパスに設立されました。留学生は、生きた日本語の習得を目的として勉強され、また、歴史と伝統の古都、京都において日本文化を体験し、日本に関する見識を深めるなど、ドイツの日本理解に、大きく貢献されました。設立以来、実に、六〇〇人を越える留学生がプログラムを修了されているのであります。

このように、ドイツと日本の交流に重要な役割を果たしているこのセンターを、二〇年の長きにわたって維持されているテュービンゲン大学に対し、同志社総長として、改めて、深く敬意を表し、感謝申しあげる次第です。

なお、同志社大学におきましては、近年、同志社教学の理念であります国際主義の強化を重点的に図っており、学生間の交流を通じ、グローバルな舞台に積極的に挑戦し活躍できる人材の育成を目指す取組みを推進しております。貴大学とも学生交換協定を締結し、活発な交流が図られているところです。

本日の二〇周年記念日を契機として、今後も引き続き、学校法人同志社、並びに同志社大学の教育に対し、一層のご理解・ご協力を賜りますよう心からお願い申し上げます。

結びにあたり、テュービンゲン大学同志社日本研究センターの益々の発展と、本日、ご参集の皆様お一人お一人のご健勝とご多幸を心から祈念し、祝辞とします（二〇一三年九月一七日）。

国際ソロプチミストアメリカ日本中央リジョンシンポジウム

本日は、国際ソロプチミストアメリカ日本中央リジョン主催、読売新聞社の共催によります、「女性の地位向上と社会の進出を目指して」と題するシンポジウムが、ここ同志社栄光館ファウラーチャペルで、盛大に開催されますこと、誠におめでとうございます。

この栄光館は、今から約八四年前の一九三二年に建造され、同志社女子大学今出川キャンパスのシンボル的な建物となっているものですが、このチャペルでシンポジウムが開催されますことは、同志社にとって大変光栄でございます。良本ガバナーのご尽力、ご配慮に敬意を表します。

また、本日は、学校法人同志社総長および「女性の人権」問題に強い関心を寄せている世界人権問題研究センター理事長としてお招きいただき、大変嬉しく存じます。

日本中央リジョンは、一九八六年に誕生以来三〇年間、女性と女児の問題に焦点を当てられ、様々な奉仕プログラムを展開されて参りました。そのご成果は、日本の女性の地位および人権の向上において、極めて顕著であります。

　この後のシンポジウムでも取り上げられると思いますが、日本では、一九九九年に男女共同参画社会基本法が施行されました。しかし、残念ながら、日本の男女平等ランキング指数は先進国最下位であり、昨年成立した女性活躍推進法を契機に、一層の活躍が期待されるところです。

　本日のシンポジウムが、女性の地位向上にとって、実り豊かなものとなりますことをお祈りし、挨拶とします（二〇一六年六月二六日）。

同志社政法会創立二〇周年記念式典

一言、お祝いの挨拶を申し上げます。本日は、同志社大学政法会創立二〇周年記念式典が、ここ同志社礼拝堂におきまして、盛大に開催されますこと、誠におめでとうございます。心からお祝い申し上げます。松尾実行委員長及び高橋政法会会長以下役員の皆様方の大変な御尽力に深い敬意を表し、感謝する次第です。

同志社政法会は、一九九三年の第三回リユニオンにおきまして、法学部同窓会設立準備委員会が立ち上げられ、翌九四年一一月二六日に設立されました。爾来、同志社政法会は、法学部ＯＢ・ＯＧの親睦を図る様々な催しや、現役の法学部・法学研究科の学生に対する物心両面にわたる数々のご支援を続けてこられました。さらに、いち早くホームページを開設されまして、支部の育成・組織化に取り組まれ、多くの成果を挙げられました。山村前々会長、笠井前会長及び高橋現会長をはじめ、同志社政法会の発展に関わってこられましたすべての皆様に対し、改めてご尽力に敬意を表します。

ところで、今年は、新島襄海外渡航一五〇年の年に当たり、記念行事には、高橋会長を初め、多くの会員の皆様に参加していただきました。この場をお借りして、厚く御礼申し上げます。

只今、同志社は、「建学の精神を現代に問い直す」ことをモットーに、様々な改革に取り組んでいるところですが、法学部・法学研究科におきましても、グローバル化時代の要請に応え、リーガルマインドの涵養に努め、地の塩、世の光として活躍する一国の良心ともいうべき人物の養成に邁進しています。政法会の皆様におかれましても、今後とも引き続き、法学部、法学研究科、さらに司法研究科にもご支援を賜り、それぞれの一層の発展にお導き下さいますように、何卒よろしくお願い致します。私も微力ではございますが、法学部の一卒業生として、政法会の活動に協力してまいる所存です。

結びに、同志社政法会の益々の進化・発展と、会員の皆様お一人お一人のお幸せをお祈りし、一国の良心としてご活躍されることを期待して、お祝いの挨拶とします（二〇一四年一一月二九日）。

土倉庄三郎翁没後一〇〇年記念

学校法人同志社を代表して、一言、お祝いの挨拶を申し上げます。

本日、「土倉庄三郎翁没後一〇〇年記念式典」が、このように盛大に挙行されました。誠におめでとうございます。心からお祝い申し上げます。川上村・村長の栗山様を初め、関係者の皆様のご尽力に敬意を表したいと存じます。

ご案内のように、土倉庄三郎翁は、同志社の創立者・新島襄の大学設立運動に五〇〇〇円という多額の寄付をされた、同志社大学設立の有力な協力者です。新島と土倉翁との縁は、一八八一年一〇月に立憲政党新聞の古沢滋と共に土倉翁が新島宅を訪れたのがきっかけであります。その時に古沢が大学の必要性を説き、土倉翁が法学部を創るならと、当時の五〇〇〇円の寄付申し出をされました。

この寄付は新島の大学設立構想に火をつけ、また、土倉翁の新島や同志社に寄せる信頼は実に大きくなり、一一人の子どものほとんどを同志社に入学させたと聞き及んでおります。新島の究極の念願は、一八八八年に全国の新聞・雑誌等に発表されました「同志社大学設立の旨意」に力強く示されていますが、新島は不幸にして病に倒れ、一八九〇年一月二三日に「真誠の自由を愛し、国に尽くすべき人物の養成に努めること。教職員は生徒を丁重に取り扱うこと」といった遺言をしたためさせ、四六歳一一か月の生涯を閉じたのであります。大学が設立されたのは、大学令が公布された二年後の一九二〇年、彼の死後、実に三〇年が経過してからでありました。

いずれにしましても、土倉翁の存在がなければ、新島の大学設立に向けた動きは、大きく違った方向に進んでいたかもしれません。その意味で土倉翁は同志社にとって、忘れてはならない大功労者であります。本日、土倉庄三郎翁没後一〇〇年記念式典にお招き頂き、同志社第一七代総長として感慨無量のものがございます。この度の記念事業を契機として、川上村と同志社との関係が意義深いものとなり、土倉翁につながる皆様との連携が一層深まることを、心から期待します（二〇一六年六月一九日）。

東華学校遺址碑・碑前祭

学校法人同志社を代表して、一言、お祝いの挨拶を申し上げます。

本日は、東華学校遺址碑での碑前祭が、このように盛大に挙行されましたことに対し、心からお喜び申し上げます。同志社校友会宮城県支部富田支部長はじめ、関係者の皆様のご尽力に感謝いたしますとともに、改めて、敬意を表します。

ご案内のように、同志社創立者の新島襄は、一八八六年（明治一九年）一〇月一一日に、この仙台の地に同志社分校である宮城英学校を仮開校しました。学校名を東華学校と改称し、翌年六月一七日には、新島は、現在大河ドラマの主人公になっております八重を同伴して、開校式に臨んでおります。その設立に当たっては、新島のアメリカ在住時からの知人である、旧仙台藩士で日銀総裁にもなった富田鐵之助はじめ宮城県政財界の皆様の大きな支援と協力を得たと聞き及んでおります。東華学校は最優秀の中学校として、宮城県の中学校教育に重要な役割を果たしていたのでありますが、残念ながら、一八九〇年発布の教育勅語がキリスト教にとっては逆風となり、東華学校は一八九二年三月に廃校となってしまいました。同時期、新潟の北越学館や新潟女学校、熊本英学校など同志社姉妹校が各地で廃校となっているのも同じ理由によるところです。

その後、約四〇年の歳月を経て、一九三二年東華学校同窓生により学校跡地に東華学校遺址碑が建立されました。二〇〇二年日本たばこ産業株式会社仙台ビルの移転に伴い、現在この地に移設されております。この碑を管理してくださっております日本たばこ産業株式会社様のご厚意は誠に有難く、感謝しています。この東華学校遺址碑での碑前祭にあたりまして、東華学校の精神を今日まで引き継いでくださることに、同志社の総長として感概無量のものがあります。

これも、ひとえに、同志社校友会宮城県支部を中心とした取組みと、同志社同窓会宮城支部、日本キリスト教団仙台北教会、そして、仙台市の皆様の物心両面にわたるあたたかいご支援の賜物と、心から感謝申し上げる次第です。この碑前祭を機会に、仙台市と同志社との関係が、今後益々意義深いものとなり、同志社卒業生の皆様との連携が一層深まることを、心から期待しております（二〇一三年一〇月二〇日）。

尹東柱七〇周忌・詩碑建立二〇周年記念事業

「尹東柱七〇周忌・詩碑建立二〇周年記念事業」式典の開催に当たり、謹んで式辞を申し上げます。本日は、寒さ厳しい中、また、ご多忙中、このように多くの皆様にご参集いただき、心から感謝申し上げます。

この度の事業は、「同志社コリア同窓会」並びに「尹東柱を偲ぶ会」を中心とする、「尹東柱七〇周忌・詩碑建立二〇周年記念事業実行委員会」の皆様によって、ご準備いただきました。ここに改めて、実行委員会の皆様のご尽力と詩人尹東柱に対する熱い想いに心から敬意を表します。

ご案内のとおり、韓国の国民的詩人であります尹東柱は、第二次世界大戦中に同志社大学文学部に在学しておりました。戦争末期に、「悪法」でありました治安維持法違反の嫌疑で、思想犯として逮捕され、懲役二年の判決を言い渡されました。日本の敗戦の年の一九四五年二月一六日に、九州の福岡刑務所で悲運の死を遂げたのであります。

大学キャンパスの内のハリス理化学館横にございます「尹東柱」詩碑は、今から二〇年前の一九九五年二月一六日、「尹東柱詩碑建立委員会」によって建立されました。以来二〇年間、尹東柱を慕う多くの方々がこの碑を訪問されております。同志社にとりましても、韓日の枠を超えた友情と協力によって、彼の碑がこうして同志社大学の今出川キャンパスに設置されていることは、誠に意味深いものがあり、改めて、人権の尊さに思いを馳せ、二度と不幸な時代が来ないように願うこと、切なる思いがあります。現代を生きる我々が、人権と平和のために、渾身の努力をすることを誓わずにはおられません。

同志社総長として、ここに改めて、彼のご冥福をお祈りいたしますとともに、詩に託した彼のどこまでも純粋な祈りと想いによって、世界中の苦しむ人々に安らぎをもたらすことを願います（二〇一五年二月一四日）。

追悼・馬克昌先生

二〇一一年六月二二日、馬克昌先生が逝去されたという訃報に接しました。大変な驚きであり、私達日本の刑法学者が敬愛してきた偉大な馬先生を失い、誠に残念であり、無念であります。心から哀悼の意を表します。

先生は、武漢大学法律系主任、法学院院長および終身教授等として武漢大学でご活躍され、また、中国刑法学、比較刑法学、犯罪学等で多くの業績を残し、多大なる学術的貢献をなさいました。さらに、中国法学会刑法学研究会副総幹事長として学界を指導してこられ、文字通りの刑事法学界の泰斗となられたのです。さらに、江青反革命集団起訴書的討論や中国人民共和国刑法的修正工作において、法律実務家としても大きな貢献をなさいました。

日本の刑法学者が先生の学問的業績を学んで来たことはもちろんですが、特に、一九九四年から日中刑事法学学術討論会を早稲田大学西原春雄名誉教授と共催されて、日中間の学術交流の発展に寄与してくださいました。二〇〇三年には、京都の同志社大学で「二一世紀第三回日中刑事法学討論会」を開催され、大きな成果を得ることができました。馬先生が日本に滞在されている間、ともに大好きな酒を酌み交わして談笑した想い出は、終生忘れることができません。

馬先生は、学界、実務界で多大なるご貢献をなさいましたが、同時に、多くの研究者を育てられましたことは、特筆に価します。同志社大学には、武漢大学から留学生として、簡明君、黎宏君、王昭武君を派遣してくださいました。お三方とも、現在、母国で大活躍中でございます。

先生のご逝去に際し、想い出は尽きません。馬克昌先生の御霊の限りない平安を祈り、また、ご家族の悲しみが少しでも早く癒されることをお祈りして、哀悼の言葉とします（二〇一一年六月三〇日）。

松山義則先生・同志社社葬

同志社大学名誉教授　文学博士、同志社社友であられた故・松山義則先生は、春爛漫の四月一四日、天に召され、不帰の客となられました。誠に悲しく、残念でございます。心から哀悼の意を表します。

松山先生は、心理学、特に日本における行動心理学の基礎を築かれました。先生は、一九五三年、当時の研究者の垂涎の的でありましたフルブライト奨学生として、アメリカで二年間の在外研究を経験され、最先端の行動理論を習得されました。ご帰国後に発表されました「異常行動論」や「不安の研究」、そして「モチベーションの心理」の三部作は、日本の心理学界における松山先生の地位を不動のものとしたのであります。その後も多くの研究を発表され、日本心理学会の理事長にご就任になるなど、長年にわたり、日本心理学界をリードされ、心理学者として多大なるご業績をあげられたのであります。

一方、松山先生は学校運営、教育行政におきましても、超一流の手腕を発揮されました。まず、一九七三年同志社大学長に就任され、三期九年間お勤めになられたのでありますが、その間、いわゆる工学部田辺移転を企画されるなど、今日の大学の基礎固めに尽力されました。さらに、一九八五年から同志社総長として四期一六年、その間、同志社理事長を一〇年間兼務されるというように、二五年にわたりまして、学長、総長をお勤めになられたのでございます。ご在任中、ご苦労の多い時期がございましたが、それらを克服して、同志社の学校運営に当たられ、成果を挙げられました。そのご功績は甚大であり、私は、同志社総長として、改めて先生に深い敬意を表し、感謝申し上げる次第でございます。

お蔭をもちまして、今や、同志社は、四万三〇〇〇人を擁する一大総合学園に発展してまいりました。また、先生は、私大連盟や私学振興財団など中央の役職をお勤めになられ、我が国の私立学校の繁栄にご尽力くださいましたことも、忘れてはならないことと存じます。二〇一〇年の秋の叙勲におきまして、瑞宝重光章を受章されましたことは、同志社にとって大きな栄誉でございました。こうした内外のご功績を顕彰するため、三年前、学校法人同志社は、先生に「同志社社友」の称号をお受けいただきました。

先生は、お御足が少しご不自由になられていましたけれども、お目にかかる度に、労いのお言葉をおかけくださり、激励してくださいました。振り返ってみますと、一九七六年に法学部長として松山大学長にご指導いただいてから、実に三八年間、時には意見の相違もございましたが、常にご支援、ご指導を頂戴し、今日に至りました。先生のご逝去は、奥様をはじめご家族にとって大きな悲しみであり、同志社にとって大きな損失でありますが、私にとりましても大きな痛手であり、無念の一語に尽きるところでございます。

ここに、改めて哀悼の意を表し、心から、松山義則先生のご冥福をお祈りしますとともに、奥様をはじめご家族の皆様が、悲しみを乗り越えて、一日も早く平安を取り戻されることを念願し、私の追悼の言葉といたします（二〇一五年五月一一日同志社社葬）。

森浩一先生・お別れ会

謹んで、「森浩一先生お別れの会」の挨拶を申しあげます。同志社大学名誉教授・森浩一先生は、去る八月六日午後八時五四分に、享年八五歳でご逝去されました。学校法人同志社の教職員を代表して、哀悼の意を表する次第でございます。

先生は、改めて申し上げるまでもなく、我が国考古学の第一人者であります。多方面にわたる、貴重な研究業績をあげられた斯界の泰斗でございます。先生は、考古学の調査・研究にとどまることなく、「考古学を市民の手に」をモットーにして市民への啓蒙活動にご尽力され、「考古学は地域に元気を与える学問でなければならない」と主張されまして、地域学を提唱され、実践されました。同志社人らしく、権威に囚われない、在野精神に基づいて八面六臂の活躍をされたのであります。メディアにもしばしば登場し、研究成果を社会に還元する努力を惜しまれませんでした。第二二回南方熊楠賞を受賞された所以であります。

その先生が、ご逝去になられたのでございます。「巨星墜つ」の感を深くし、心から残念に思います。特に、同志社にとりまして、大きな打撃であります。先生は、同志社大学文学部英文科をご卒業後、同志社大学大学院文学研究科修士課程を修了され、一九六五年に同志社大学文学部講師、助教授を経られまして、一九七二年に教授として考古学研究室を盛り立て、同志社大学を足場として大活躍されたのであります。先生は、文字通り、同志社の顔であり、看板であり、そして誇りでございました。それだけに、先生のご逝去は、同志社にとって大きな損失であり、痛恨の極みです。

先生は、ご定年になられるまで、同志社の考古学教室の発展にご尽力くださり、多くの門下生をお育てくださいました。同志社の考古学研究室で育ち、考古学の分野の第一線で活躍中の研究者、埋蔵文化担当の技師の皆さんは、百数十名に達すると言われ、考古学界にあって、一大勢力になっているとお聞きしています。同志社総長として、改めて、先生のご功績に感謝申し上げる次第でございます。

先生とお別れするに当たり、先生のご功績をたたえ、心からご冥福をお祈り申し上げますとともに、同志社女子大学名誉教授の奥様および御親族の皆様が、一日も早く平安を取り戻されることをお祈りし、お別れの挨拶といたします。
森先生、安らかにお眠りください（二〇一三年九月一五日）。

浅香正先生・弔辞

謹んで、弔辞を申し上げます。

同志社大学名誉教授浅香正先生は、去る五月三〇日、午前二時四〇分、天に召され、不帰の客となられました。一昨年の先生の米寿の祝賀会でお目にかかり、親しくお話をお伺いし、また、祝賀会での感謝のご挨拶・名演説を拝聴した時のことを思い浮かべますと、この度の訃報は、とても信じられない気持ちでいっぱいでございます。誠に悲しく、残念でなりません。

浅香先生は、その当時はまだ開拓途上の、新しい学問でありました文化史学に身を投じられました。ハーバード・燕京研究所の奨学金によります二年間のアメリカ留学生活を経験された後、二度にわたってローマに留学され、古代ローマ史を中心に研究を展開されました。そして、同志社では、大学文学部文化学科文化史学専攻の誕生にご尽力くださいました。

一九八四年には文化史学会会長にご就任。我が国文化史学会のリーダーとして大活躍されたのです。特に、ローマ・アメリカ古代学研究所の「イタリア・ボンペイ発掘調査」に参加され、日本側のリーダーとしてご苦労されたことは、当時、日本でも大きく報道されましたから、門外漢の私も存じ上げた次第でございます。先生の国際的なご活躍と研究業績は、同志社として大きな誇りでございます。

先生は、はじめ、同志社高等学校教諭として同志社に入社されました。そのときは、旧制の京都大学文学部大学院の学生でもあったわけですが、わずか五年間の高校教諭時代に、実に多くの優秀な人材を世に送り出されたようでございまして、米寿のお祝いの会にも高等学校時代の教え子の方々が沢山来られていました。また、先生は、大変な研究生活を送られていながら、大学教育にも情熱を傾けておられまして、大学時代にも多彩な優秀な人物を養成されました。さらに、同志社大学文学部の中井義明教授をはじめ、多くの門下生をお育てになられました。こうした教育面のご功績に対しまして、同志社総長として、改めて先生に深い敬意を表し、感謝申し上げる次第でございます。浅香先生、本当に有難うございました。

私は、一九七九年に同志社大学長に選ばれたのですが、大学行政に疎かったために不手際が続いていた頃、それまでほとんど浅香先生とは面識がなかったのですが、先生はわざわざ学長室においでくださり、貴重なアドバイスを賜りました。先生は京都大学のご出身ではありますが、同志社に対する学校愛は大変なものがあり、同志社の発展に純粋なお気持ちで取り組んでおられることを知り、深い感動を覚えた次第でございます。私が任期途中で学長を辞任したため、いたく先生を失望させてしまいましたが、先生は、一九八一年に学校法人同志社評議委員にご就任、爾来、今年まで、一一期三三年間の長きにわたり評議委員として学校運営にご尽力くださいました。

その間、学校法人同志社は難しい問題を抱える時期もありましたが、先生は、常に積極的に問題に取り組んでくださり、適切なご判断を賜りました。お蔭をもちまして、今や同志社は、一四学部、二万八〇〇〇人を擁します同志社大学、また、来年は六学部となります六五〇〇人を擁します女子大学、そのほか四つの中学校・高等学校、二つの小学校と幼稚園というように、全部で四万三〇〇〇人を教育する一大総合学園となりました。先生の長年にわたりました学校運営へのご尽力に対し、改めて感謝申し上げる次第でございます。

このように振り返ってみますと、この度の先生のご逝去は、同志社にとって大きな損失であり、また、長年お世話いただいた私にとっても大きな痛手であります。誠に、無念としか言いようがありません。浅香先生、これからは、どうか、天国から、同志社の発展・進化をお守りくださり、ご指導くださいますようにお願いいたします。

今ここに、永遠のお別れに当たり、悲しみは尽きませんが、先生のご功績に敬意を表し、併せて、同志社へのご貢献に感謝し、心からご冥福をお祈り申し上げて、弔辞といたします。

浅香先生、さようなら（二〇一四年六月二日）。

追悼・宮澤浩一先生

二〇一〇年七月二三日、私どもの敬愛する宮澤浩一先生が天に召されました。宮澤先生は、本当に長い間、日本および世界の犯罪学、被害者学および刑事司法の発展のためご尽力くださいました。先生の厳しいながらの温容を思い浮かべながら、感謝の想いは尽きません。誠に有難うございました。同時に、まだまだご活躍できる立場の先生を失ってしまったことは、誠に残念であり、先生の後輩の一人として、大変、無念であります。心から、哀悼の意を表したく存じます。

宮澤先生は、国際主義、現場主義を研究の理念として掲げられ、刑事司法の発展のために、学者としてのみならず、刑法、少年法、更生保護法、犯罪被害者等基本法等の立法作業にも従事され、実務の世界でも卓越した業績をあげられました。特に宮澤先生は、一九八二年に私財を投じて東京と京都で第三回「国際被害者学シンポジウム」を主催され、成功裡にやり遂げられたのです。宮澤先生はその成功を大変お喜びになられるとともに自信を深められ、その後、「日本被害者学会」の設立を提唱され、多大なご苦労を克服されて、一九九〇年一一月二七日、三田の慶應義塾大学で、日本被害者学会設立総会の開催に漕ぎ着けられたのであります。爾来、二〇〇一年に役職定年でお辞めになるまでの約一〇年間、同学会の理事長として精力的に活躍され、その発展に力を尽くされました。

また、世界被害者学会会長として、さらに、国際犯罪学会の副会長として、国際的に存分にご活躍になり、「ベッカリーア・メダル金賞」を授与されるという栄誉にも浴されました。他の者の追随を許さぬ、文字通り犯罪学、被害者学等の泰斗となられたのであります。その先生に先立たれた我々後輩は、ただ無念としか申しようがございません。

先生が、刑法、刑事政策等の刑事司法を専攻する後進の若い研究者に類い稀な愛情を注がれたことは、特筆に価します。研究者の多くは、若い時代、先生の叱咤激励を受けて研究意欲を掻き立てられたはずであります。私もその一人でありました。先生は、私より四歳しか年上ではなかったのですが、私の刑法学会デビューが大分遅かったことに配慮され、また、同情してくださいまして、ドイツ語の文献の本格的な研究手法を、文字通り手取り足取り教えてくださいました。先生の指導者、教育者としての面目躍如たるものがあります。

先生が病に倒れられた直後、入院中の病床でお目にかかりました。半身不随のお体でしたが、「刑法と刑事政策の体系書を何としてもまとめたい」と語っておられ、研究意欲はいささかも衰えてはいませんでした。私は、おそらく精神的に大きな打撃をお受けになられているに違いないと案じていましたので、先生の学問に対する熱い思いに触れ、驚きかつ敬意を表し、むしろ私自身が力づけられたほどでありました。先生の体系書は、未完に終わったわけですが、先生にとっては大きな心残りであったに違いありませんし、学界にとっても非常な損失であったと思います。

その後、直接お会いしてご指導を仰ぐ機会を許されず、非常に残念に思っていましたが、その矢先、先生の訃報に接した次第です。私は、長年にわたり、偉大な学者、尊敬すべき先達としての先生からご指導を受け、また、ご厚誼を得ることができた幸せを、今改めて噛みしめ、先生のご温情に対し、深く感謝申し上げる次第です。在天の宮澤先生、本当に有難うございました。

その上、関西の刑事法学の発展のためにと申されまして、先生が一生を懸けて収集された膨大で貴重な文献をすべて同志社に寄贈してくださいました。同志社の図書館に宮澤文庫を設置いたしまして、大切に保存・利用させていただいております。関西在住の刑事法学者の皆さんとともに、改めて先生に御礼申し上げます。

日本の刑事学や刑事法学に携わる私ども後輩は、先生の学問研究に対する姿勢と、残された大きなご功績をたたえ、先生のご遺志を無駄にすることなく、一層の精進を重ねてまいりたいと存じます。宮澤先生の御霊の限りない平安を祈り、また、ご家族の悲しみが少しでも早く癒されることをお祈りして、私の追悼の言葉といたします（二〇一〇年八月一三日）。

著者紹介

大谷　實（おおや　みのる）

1934年　茨城県に出生

1957年　同志社大学法学部法律学科卒業

現　在　学校法人同志社総長。武漢大学・中国人民大学客員教授、世界人権問題研究センター理事長、京都犯罪被害者支援センター代表理事。法学博士。

司法試験考査委員（1982～1995）

日本学術会議会員（1991～2000）

人権擁護推進審議会委員（1996～2001）

法制審議会委員（2001～2005）

主要著書

刑事責任の基礎（1968年　成文堂）

人格責任論の研究（1972年　慶應通信）

刑法改正とイギリス刑事法（1975年　成文堂）

被害者の補償（1977年　学陽書房）

刑事規制の限界（1978年　有斐閣）

医療行為と法（1980年　新版・1990年　弘文堂）

刑法講義各論（1983年　新版４版・2015年　成文堂）

刑法講義総論（1984年　新版４版・2012年　成文堂）

いのちの法律学（1985年　新版・2011年　悠々社）

刑事政策講義（1987年　新版・2009年　弘文堂）

明日への挑戦（2004年　成文堂）

続・明日への挑戦（2008年　成文堂）

我が人生、学問そして同志社（2012年　成文堂）

同志社総長『思い』を語る

2016年12月１日　初版第１刷発行

著　者　大　谷　　實

発行者　阿　部　成　一

〒162-0041　東京都新宿区早稲田鶴巻町514

発行所　株式会社　成　文　堂

電話　03(3203)9201(代)　Fax 03(3203)9206

製版・印刷　シナノ印刷　　製本　弘伸製本　　検印省略

ISBN978-4-7923-9261-1 C0095

定価（本体1900円＋税）